シリーズ ケアをひらく

その後の不自由

「嵐」のあとを
生きる人たち

上岡陽江＋大嶋栄子

医学書院

はじめに

ダルク女性ハウスで二週間のフィールドワークをおこなったのは二〇〇三年冬のことである。私(大嶋)はその前年に札幌で「それいゆ」という女性のための施設を立ち上げたばかりで、薬物依存症の当事者であり施設長でもある上岡陽江さんの実践に学ぼうと思ったのだ。

当時、ダルク女性ハウスは荒川区の町屋にあった。まだ下町情緒の残るその道をメンバーと歩きながら感じた、かさかさとした寒さが今も記憶の底にある。その後何度も上岡さんやメンバーから聞き取り調査をおこない、そのたびにダルク女性ハウスに寝泊まりさせてもらうおつきあいが続いた。

彼女たちに話を聞くなかで、あるいは精神科病院や女子刑務所での出会いを通じて、多くの女性たちが理不尽な体験を生き延びる自己対処としてアルコールや薬物を使っていることを知った。そして、そのような自分自身を深く恥じていることも知った。

罪悪感と恥の感覚は事態をさらなる悪循環に誘い込み、彼女たちが表出する〝症状という言葉〟は他者を巻き込む。そこで付けられた「依存症」「境界性パーソナリティ障害」といった診断名は、彼女たちを救うどころか〝厄介者〟のレッテルとして機能する。再発すれば〝恥知らず〟の代名詞として使われる。

しかし、「女性嗜癖者の回復は難しい」などとわかったような顔で解説する前に、何が彼女たちの回復を難しくしているのかを探る必要があるのではないだろうか。

本書は、暴力をはじめとする理不尽な体験そのものを生き延びたその後、今度は生きつづけるためにさまざまな不自由をかかえる人たちの現実を描いている。

上岡さん自身がそのように生きてきた当事者であり、同時に彼女たちの支援にも携わっている。私は精神科医療現場でソーシャルワーカーとして仕事を始め、その後民間カウンセリングルームや地域の社会復帰施設を経て、みずからが施設を立ち上げて現在に至る。

このように違う立場ではあるが、ふたりには共通点がある。第一に彼女たちの体験を特別な人に起こった特別なことと見なさずに、いくつかの条件が重なってしまうときに誰にでも起こりうると考えていること。第二に「当たり前に生活が送れる」ような変化は、長い時間経過のなかでしか起こらないと知っていること。第三に、だからこそ支援する人たちにも疲れや諦めが出やすいので、援助者自身が多くのサポーターをもつことを勧め、みずからも実践していることである。

本書はまた、理不尽な体験を生き延びている渦中のご本人が読んでくれることも想定して書かれている。日々の暮らしのなかで、きっと普通にできるはずと自分では感じることが思うようにならずに、苦労されているのではないか。そんな経験の全部というわけではないけれど、ここに書かれている具体的エピソードのいくつかに〝自分〟を見つけてくれたらいいなと思う。いまは出会っていなくとも、必ずつながっていける誰かがいるはずである。

上岡さんも私も、これまでつきあってきたたくさんの「その後の不自由」を生きる人たちを思い浮かべながら本書を書いた。彼女たちの、症状にかき消されがちな言葉を、ひとりでも多くの人に届けられたらうれしい。

大嶋栄子

その後の不自由——「嵐」のあとを生きる人たち　目次

3

生理のあるカラダとつきあう術 115

ダルク女性ハウスについて

ダルク（DARC：Drug Addiction Rehabilitation Center）とは、薬物・アルコール依存症をもつ女性をサポートする施設です。ダルク女性ハウスは、薬物・アルコール依存を経験した女性二人によって、一九九一年に設立されました。依存症から回復したいと願う女性たちに身体的・精神的・社会的支援を提供し、その回復を手助けすることを目的とした団体です。仲間と共に生活しながら回復をめざす「グループホーム」と、通所しながらプログラムに参加できる「デイケアセンター」があります。また、講演や出版物の発行など啓発活動を行っています。プログラムの中心はミーティングで、当事者同士が体験を語り、聞くことによって経験を分かち合います。

現在の利用者は入寮・通所者あわせて二〇名。施設長と、スタッフ八名のうち四名は薬物依存症の当事者です。

1

私たちはなぜ寂しいのか

上岡陽江

私（上岡）は自分自身が依存症をもつ当事者であり、かつ依存症の人の回復をサポートする仕事をしています。そういう立場にいることから、家族会や教育現場に講演に呼ばれたり、看護師、ソーシャルワーカー、医師などを対象に依存症について話をする機会が多くあります。そうした際に皆さんから、「依存症の人は、なぜこんなことを言ったり、こんな行動をとったりするのか」という質問がよく出ます。

依存症の人たちには独特の行動の仕方があるのですが、どうしたらそれをわかってもらえるかと考えながらつくったのが、以下に紹介する数多くの図です。これらの図を一つひとつ紹介する形で、依存症の人たちの不思議な行動を説明していこうと思います。

おもに依存症を伴うトラウマ体験サバイバーを念頭に置いて説明していきますが、おそらくそれは境界性パーソナリティ障害といわれる、なかなか援助につながらないタイプの女性たちを理解するうえでも参考になると思います。

1 境界線を壊されて育つということ

依存症にならない人の家庭はこういう構造になっていた

私自身が依存症当事者だということはお伝えしましたが、正確には薬物依存、アルコール依存、摂食障害をもっています。

私は緊張感の高い家族のなかで育ってきました。もちろんどこの家庭でも、子どもが思春期で不安定だったり親が年老いてきて介護が始まったりなど、いろいろな問題を抱えていますから、文字どおり「健康的な家庭」なんて存在しないと思います。でもまわりを見まわしたとき、たとえば子どものPTAで知り合って一〇年前から友達づきあいをしているお母さんたちは、家庭に問題がないわけじゃないのに問題をそこそこ乗り越えていっている。そういう友人たちを見たときに、彼女たちの家庭はいったいどうなっているのかと思ったのです。

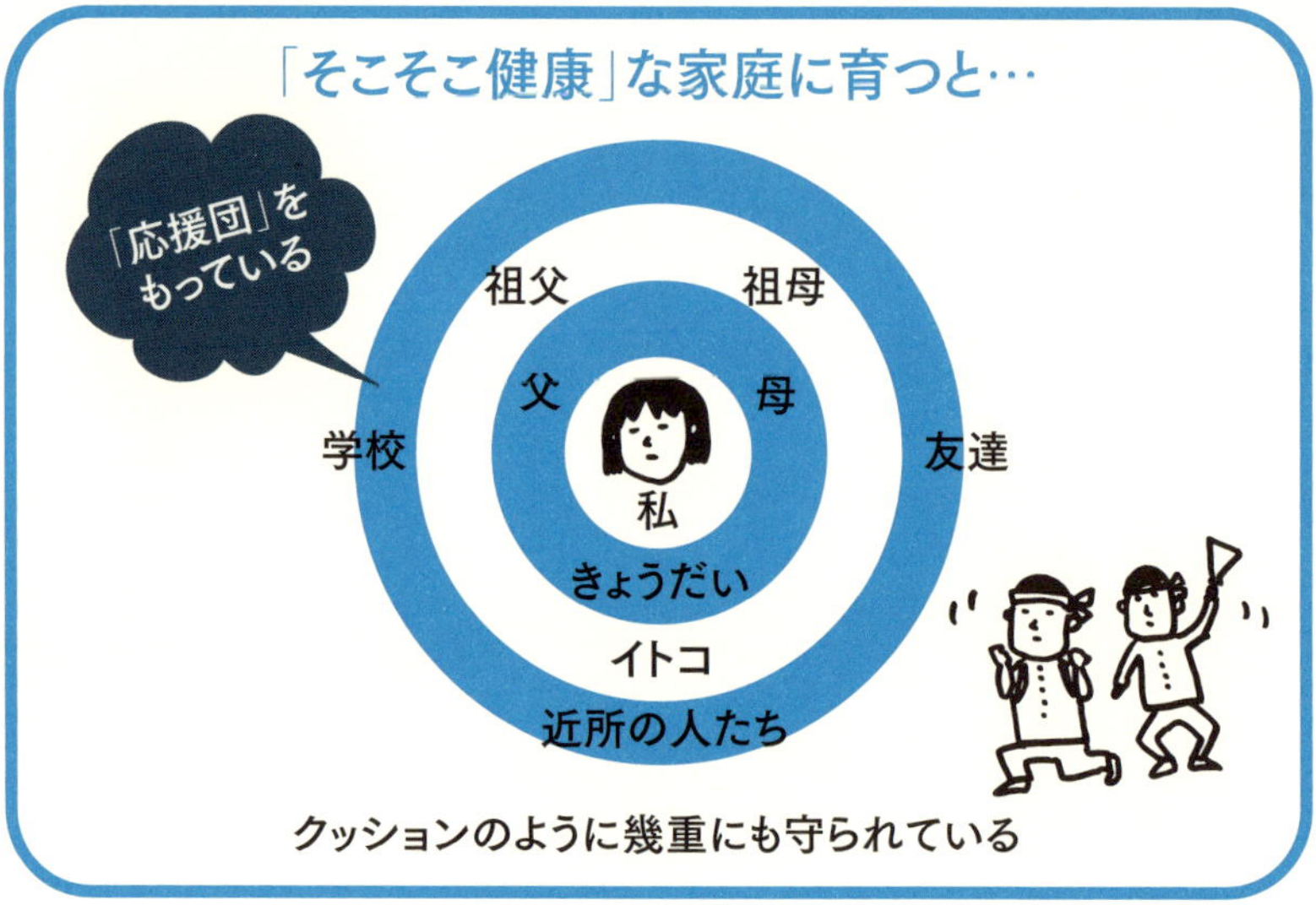

観察してみると、どうやらそういう人たちは家族内だけで問題を解決するわけではなく、外側に応援団をもっているように見えました。

最近、〝家族愛〟みたいなことがさかんに言われるようになっていますが、家族愛ってちょっと怖いところがありますよね。たしかにまわりにいる家族が信頼できて、家族だけで解決できればいいけれど、大きな問題になればなるほど家族だけで解決できなくなります。誰かが外にSOSを出したり、おそらく家族以外のところともつながりながら、乗り越えていくものだろうと思います。

上の図でいえば、真ん中に「私」がいて、そのまわりに私を助けてくれるような形で、父や母やきょうだいがいる。次に、祖父、祖母、イトコたちがいて、その次に、友達や、近所のおじさんおばさんたちがいる。こんなふうにやんわりと自分のまわりに応援団のようなものをもっているのが、〝そこそこ健康的な家族〟ではないかと思います。

つまり真ん中の「私」が幾重にも守られている。たとえば会社でイヤなことがあったりしても、自分のコミュニティに帰ってきたら、そのなかに自分の価値を見つけられる。あるいは「会社での価値＝自分のコミュニティでの価値」ではないと思える。会社での価値がそのままコミュニティの価値だったら、それは息苦しいでしょうね。

このようにして、「私」→「父、母、きょうだい」→「祖父、祖母、イトコ」という《順番》が大切だということがわかってきました。そしてそれぞれの間の《境界線》も相当大切だということもわかってきました。しかし、依存症をもつメンバーの話を聞いていると、この順番と境界線がごちゃごちゃなんですね。

私は東北地方で摂食障害の子どもをもつお母さんたちとミーティングを継続しています。そこで特徴的なのは、自分の両親や、夫のおじいちゃんやおばあちゃんを大切にするのが当たり前とされていることです。すると、〝いい嫁〟をやりたい人ほど自分の子どもたちには我慢させて、夫の家族や親戚に尽くす。そんなふうに真面目に嫁をやりすぎたら突然子どもが摂食障害になってしまった、というケースが多いのです。

振り返ってみれば、いつだって家に来ている義兄や義姉の子どもたちは大切にするけれども、自分の子には「我慢しなさい」みたいなことをずっと言ってきた。そういう一見、親戚と仲よくしあっているような家族のなかで自分の子は二の次になってくる。その子たちは自分のことはずっと我慢し、たえず人のことを優先するという形で育つのですが、高校、短大、大学を出たあたりからだんだんと身動きがとれなくなってしまう。

このお母さんたちにさっきの図を見せると、「私の家はこんなじゃなかった」って言います。つまり真ん中には「親戚」がいて、「私」は隅っこにいる。その「私」のなかに子どもは収縮していて重なっていた。そしてたしかに「子どもには我慢させていた」と。

お母さんたちは、「自分が我慢しているから、子どもにはちゃんとやってあげていた」とか、「子どもには衣食住で苦労させたことがない」と言います。でも、基本のところに行き過ぎた我慢がありますからね。

回復というのは、他人を優先していたことが「自分を真ん中にして考える」ことへと変わっていくことです。特にボーダーラインとよばれる境界性パーソナリティ障害の人ほど他人を中心にしています。彼らは自分中心の極みのように思われていますよね。でも違うんです。真ん中に「自分」じゃなくて「他人」がいる人たちなのです。

依存症の女性は応援団をもっていない

特に薬物やアルコール依存症の女性は、原家族のなかに問題があった例が多いですね。父のアルコール依存症や暴力、両親の不和などです。そのために家族のなかに緊張感がある。

お父さんがアルコール依存症だったら、子どもは、お父さんがアルコールを飲んで暴れたり不機嫌だったりするのを調整する役割をとるようになります。お父さんがお母さんにひどいことを言っ

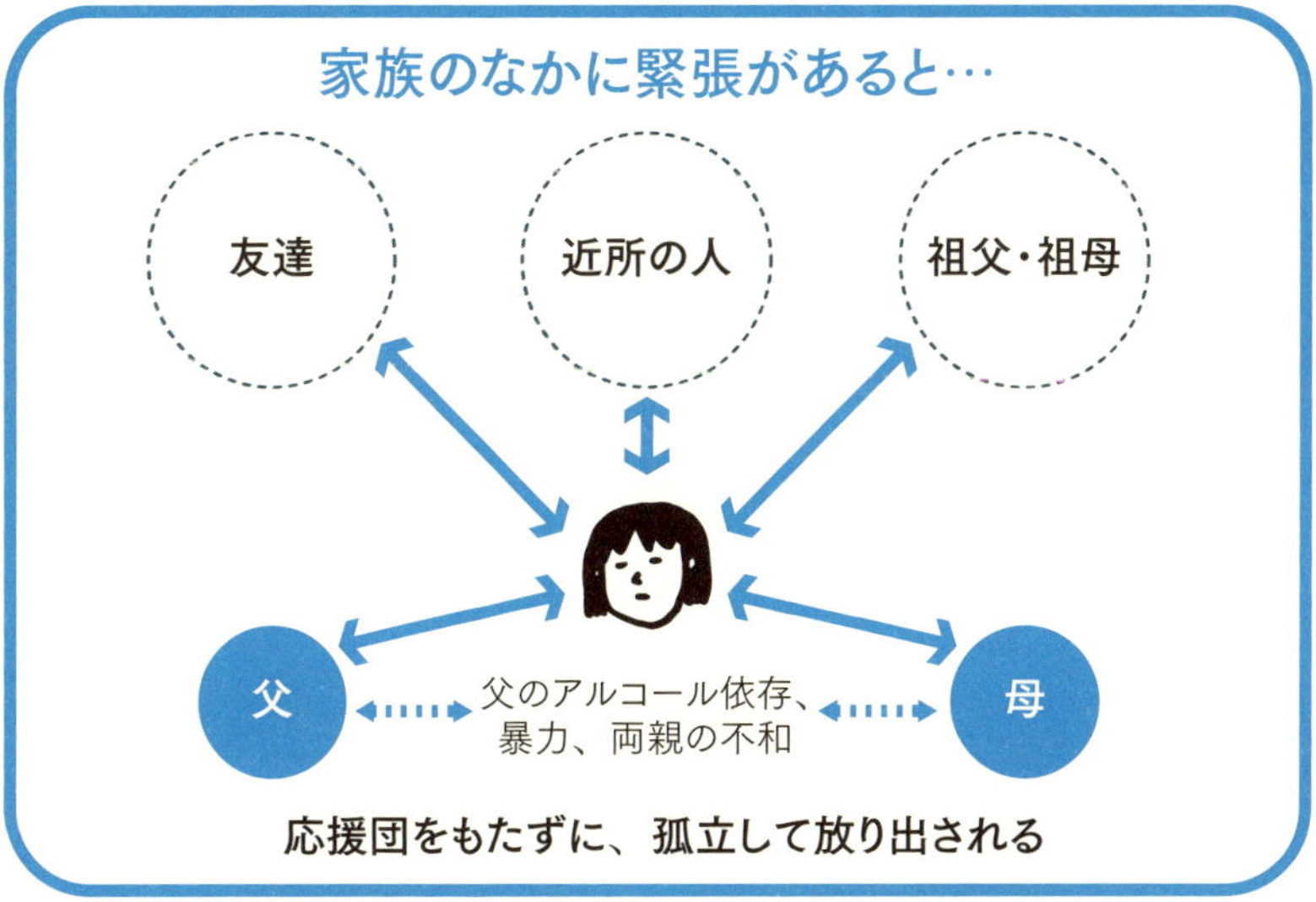

たり行ったりすれば、お母さんを助けるようなことを必ず考える。でもそんなことをすると生意気だと言われて殴られちゃうから、おとなしくして、お父さんを怒らせないようにする。さらにお父さんを笑わせたりする。つまり、「調整→緩和→調整→緩和」という役割を連続して担っていきます。そして攻撃と密着を「愛情だ」と勘違いするということも起こります。

お父さんにも、父と母（つまり祖父と祖母）がいますが、彼らはだいたい「お母さんが悪いからお父さんがアルコール依存症になった」とお母さんを責めます。だから子どもは、「お母さんは悪くない」と言って守ったりします。

自分の家で起きていることは友達にももちろん言えません。小さいときは何が起きているのかわからないから言葉にならない。大きくなったら、今度は外に知られてしまうとお父さんとお母さんに恥をかかせるかもしれない。だから言わない。

近所の人に対しても同じです。子どもとしてはバレることがいちばんまずいので、近所の人には助けを求めるのではなくて、敵対する。何をされちゃうかわからないから、家でも外でも「誰にも言わずに自分で守る」という感じになります。そうなると、大人になっても応援団をもたずに孤立して社会に出ていくことになります。

境界線を壊されて育つということは

次に、「境界線を壊されて育つ」とはどういうことなのかについて説明します。

次頁の図は私の家族です。私の家には暴力はありませんでした。でもうちの母は、すごく悲しい母でした。父とおばあちゃんがすごく仲がよくて、母はその関係のなかに入れなかったので、お嫁に来ても不幸だったんですね。私は三歳ぐらいから不幸な母を背負ってきました。今でも母は、「ハルエは三歳からホントに役に立った」と言います。でも三歳から頼りになっちゃいけないわけですよ（笑）。

家では「言わなくてもわかる」ことが求められるので、とても緊張感が高く、へんに仲がよくて胸苦しい家族でした。聞いたら怒られる。言われなくても雰囲気からそのときの母の望みや本意を絶えず探り、望みどおりに動かなければならない。母の機嫌をとるのって大変なんです。

いま私はいろいろなところでボーダーラインの、つきあうのが相当大変なメンバーたちの相談に乗っていますが、母とかかわることに比べたらよっぽど楽だと思うくらいです。ウチは思春期でも

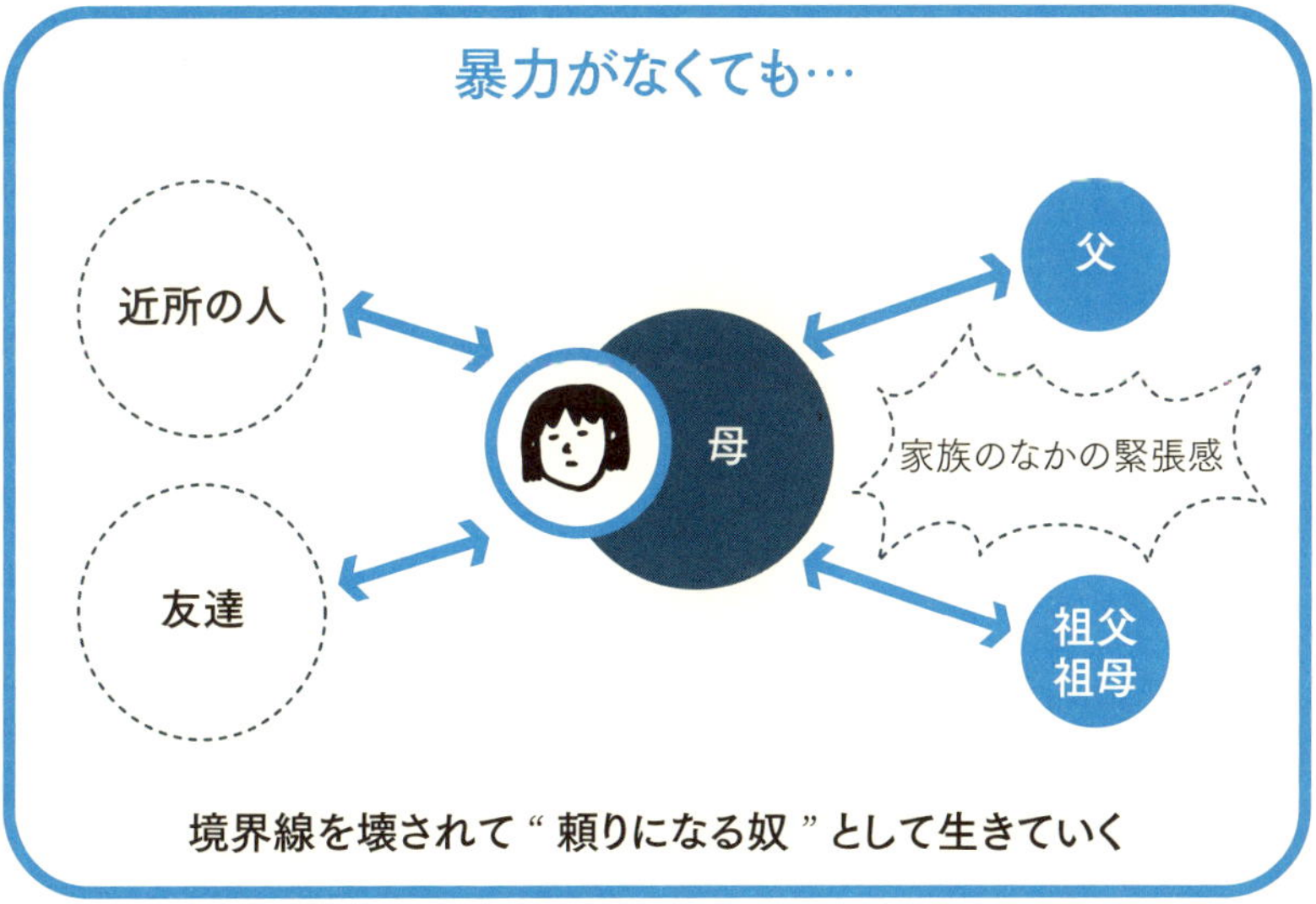

喧嘩をしたことがないというのが母の誇りなんですが、そんなの苦しいですよね。完璧主義の母で、自分も完璧にやるから、相手も完璧じゃないと許せない。母には自分のストーリーがあって、「こうあるべき」と勝手に全部決めて、それ以外は認めない。

それから四八年間、私は母にとって〝頼りになる奴〟をやってきたのですが、唯一頼りにならなかった時期があります。アルコールと薬物と摂食障害がいちばんひどかった一九歳から二六歳までの八年間です。そのことを心理学者の小倉千加子さんに話したら、「その時期はサボタージュしてたんですね」と言われました。そのあいだは自分を傷つけることに精いっぱい。傷つけると気持ちよかったし、死にたいとしか考えていなかったし、どう生きていいのかわからなかった。

ただ私自身についていえば、あの時期は必要だった。その八年間がなかったら、いま生きていないでしょうね。すべての症状がひどくてつらい時期というのは、地獄ではあったのだけれど、私にとって一切の責任をとらなくてもいい時期でもありました。だから「依存症の人たちのいちばんひどい、どうにもならない時期っていうのは、何かの荷を降ろしている時期かもしれないよね」とメンバーと話したりします。

腹の底まで寂しい体験

さて、私は母を背負い、双子のような関係で、何も言われなくても母の日々の手伝いから感情的なものまですべて支えるということで生きてきました。子どものころは、ある種そのことに生きがいをもっていました。その後小学校の六年生からぜんそくがひどくなって入院してしまうのですが、それはやっぱり背負いすぎていたからだと思うんですね。母と家にとっても、私が病弱であることがある種のバランスとしてよかったのでしょう。

その三年八か月の小児病棟での入院生活が、私にとっては「腹の底まで寂しい」という体験です。そこは結核療養所の端にある、重い病気の子どもたちが集められた小児病棟だったので、私のまわりには死がいっぱいでした。なのに医師は子どもには説明はしてくれないし、病気が悪くなるとある日突然一人消え……、という怖さがありました。それでも生命のすべてを医師に預けなければいけない。言いたいことはあるけれど、捨てられては困るから言わない。どうすれば先生と看護師さんに好かれるかということだけを考えて暮らさなければならなかった。

だから今でも医療者とコミュニケーションをとるのはとても苦手です。そもそも相手の都合と自分の都合をすり合わせて交渉する、というシチュエーションがとても苦手なんですね。「私ごときが人並みに自分の都合を出して交渉していいのか」という考えにとらわれてしまうからです。

実は五～六年前にこの小児病棟での体験を、今のぜんそくの主治医に話したことがあるんです。先生は私に謝ってくれました。「上岡さんごめんなさい。昔の医者はほんとに権威的でした」と。病院の待合室にいると、上から圧迫されるような感じがしたあと乖離してパニック発作を起こしていたんですが、それ以来ほとんど起きなくなりました。

2 境界線を壊された子どもは何を感じるようになるか

「私ががんばらなきゃ家族が壊れちゃう」

次に、境界線を壊されて育った子どもは何を考え、どういうふうに感じるようになるかについてお話しします。

お父さんがアルコールで問題があるとか、お母さんがいつも怒ってるとか、いろいろな問題があったとき、子どもは幼ければ幼いほど「自分のせいだ」と考えてしまいます。

六歳ぐらいまでの子どもはそうですよね。地震や戦争が起きたときにも「自分が悪かったから地震が起きたんだ」とか、「戦争でお父さんが亡くなったのも自分のせいだ」みたいに、自分中心の考え方しかできないと児童心理学で説明されてます。そしてさきほど言ったように、調整役と緩和役をずっと担っているので、「私ががんばらないと家族が壊れちゃう」と思うわけです。

境界線を壊されて育つ ❶

背負ってしまう。そうすると……

境界線を壊されて育つ ❷

これだけ背負っているのだから、
私の痛みも誰かに背負ってほしい！

「一人の子どもが背負うべき責任の範囲」を、教えられていない

「私の痛みも誰かに背負ってほしい」

こうして家族のなかの緊張感や、両親の問題を背負ってしまいます。

しかし本当は、そんなものは子どもが背負うものではないですよね。お父さんのアルコール問題や両親の不和、お母さんの不幸などもその子のせいではまったくないのだけれど、それは子どもにはわからない。一人の子どもが背負うべき責任の範囲を超えて背負っていく。

すると子どもはこう感じるようになる。

「これだけ背負っているのだから、私の痛みも誰かに背負ってほしい」と。

私の痛み？ 他人の痛み？

お父さんとお母さんの問題を自分のものとして背負っているので、いつもお父さんとお母さんの痛みも感じている。そうすると、やがてそれが自分の痛みなのか、お父さんお母さんの痛みなのかがわからなくなるんです。このことを自助グループで言うと、みんな「そうそう」と共感しますね。そういう区別のつかなさみたいなものが、大人になってもずっとある。

さらに、自分の問題には責任をもたないくせに、他人の問題には責任をとろうとする。薬物依存であれば、「自分はクスリをやめないけれど、友達のクスリをやめさせてくれ」と相談にやってくることがよくあります。それは自分の痛みなのか他人の痛みなのか、どこまでが責任なのかがわからないからですね。

人の痛みに対してもすごく敏感なので、ある意味で薬物依存症の人たちは優しいです。大変な人をみると、みんな何かしてあげなきゃいけないという気持ちになってしまうんですね。ただダルクや自助グループのなかで、薬をやめたいと思っている人に親切にしているぶんにはいいのですが、その外で、薬を使う仲間などへ親切にしていると自分も薬が止められなくなってしまいます。

それから、危ない男の人のところに行ってしまうということがよくあります。「この人、いつも大変な目にあっているから、私が支えなきゃ」と。

家族のなかで問題が大きかった人ほど、このように大人になってからも、しょっちゅう自分から

境界線を壊されて育つ ❸

・「自分の痛み」なのか「他人の痛み」なのか、区別がつかない
・自分の問題には責任をもたないけど、他人の問題の責任をとろうとする

トラブルのなかに入っていってしまいます。ふつう誰かが喧嘩をしていたり、危ない雰囲気だったらイヤだなと思って逃げますよね。でも彼女たちは逃げないというか、逃げられない。あるメンバーの説では、「そのトラブルが解決するかどうか、そしてどう解決するのかを最後まで見届けたくなってしまう」。しかもそのとき「できれば自分がかかわる形で解決させたい」のだそうです。

あるメンバーなどは、ヤクザが警察に車を止められて職務質問されているのを見て、「助けなきゃ！」と思って間に入っていってしまったと話していました。結局成功しなかったそうですけれど、ふつう、そんなところにわざわざ自分から入りますか？

今のは一つの例ですが、家のなかでお父さんが暴れているなど緊張感がある家庭で育つと、成人して家族の外に出たときに、危なさの見分けがつかなくなっている。どんなに危ない人といても、

あるいは自分が暴力にあうかなと思っていても、「家よりも外のほうが安全」という感じがあるのです。

つまり、日常が危険で非日常が安全なんです。さらに攻撃と密着を〝愛情〟と勘違いして教えられてしまった人たちですから、ヤクザや暴走族のほうを安全と感じてしまう。

このような〝ジェットコースター人生〟から足を洗うのはなかなか大変です。乱気流のなかの暮らしのほうが、スリルがあって充実している感じがあるからでしょうね。

3 「健康な人」に出会うとなぜか寂しい

普通の人とつきあうと、健全な距離が「寂しい！」

次に、応援団をもってない私たち依存症の人が、応援団をもつ人と出会ったときにどう感じるかということを説明します。

次頁の図の「相手」との関係はふつうにみれば健全な距離なのですが、応援団をもっていない人にとっては「すごく寂しい」のです。といっても、実は自分が寂しいんだということがわからないあいだは、薬物もアルコールも全部やりっぱなしです。そのなかでどうにもならなくなってきたときや、治療に向いてきたときに、寂しさというのがわかってくる。

そのときに「もう一回使ってしまうのか、治療につながるのか」という二者選択があるわけですが、自分の寂しさがわからないと薬をやめるのは難しい。あるメンバーが言っていました。「ハル

私たちが「健康な人」と出会うと…

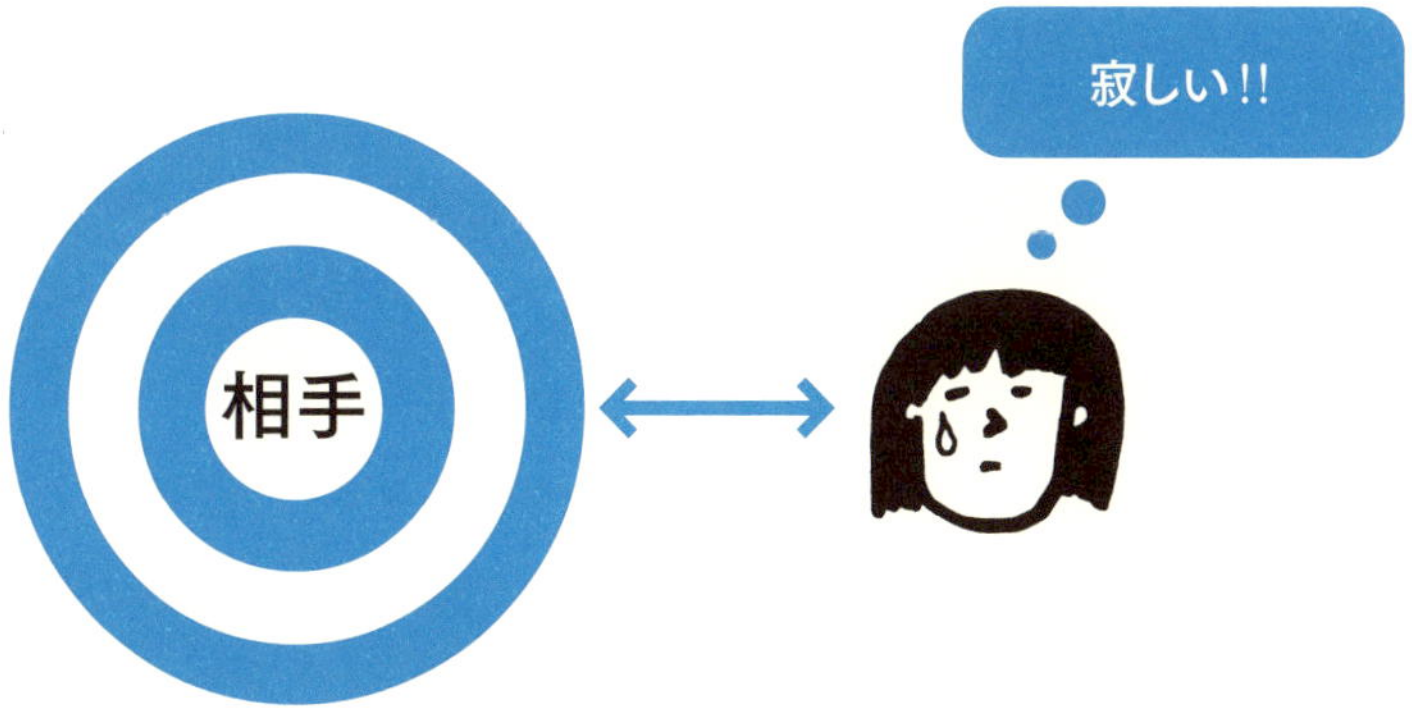

健全な距離なのに寂しい！

エさん、自分が寂しいんだってことがわかるっていうのが回復ですね」って。

子どもに応援団ができても「寂しい」

最初、この図の「相手」というのは男の人を想定していたんです。ハウスにつながって、危なくない男の人とつきあいなさいといわれて普通の男の人とつきあうと、メンバーたちはみんな「寂しくて物足りない感じがしてしまう」と言うからです。そうしたら、メンバーのなかに「子育てでも同じだ」と言った人がいたんですね。

子どもがいる人がダルク女性ハウスに通いはじめ、その子どもがハウスの「子どもプログラム」に来るようになりました。その子がきちんとケアされ、かわいがられて面倒をみてもらえたりすると、「子どもにはもう応援団ができてしまったの

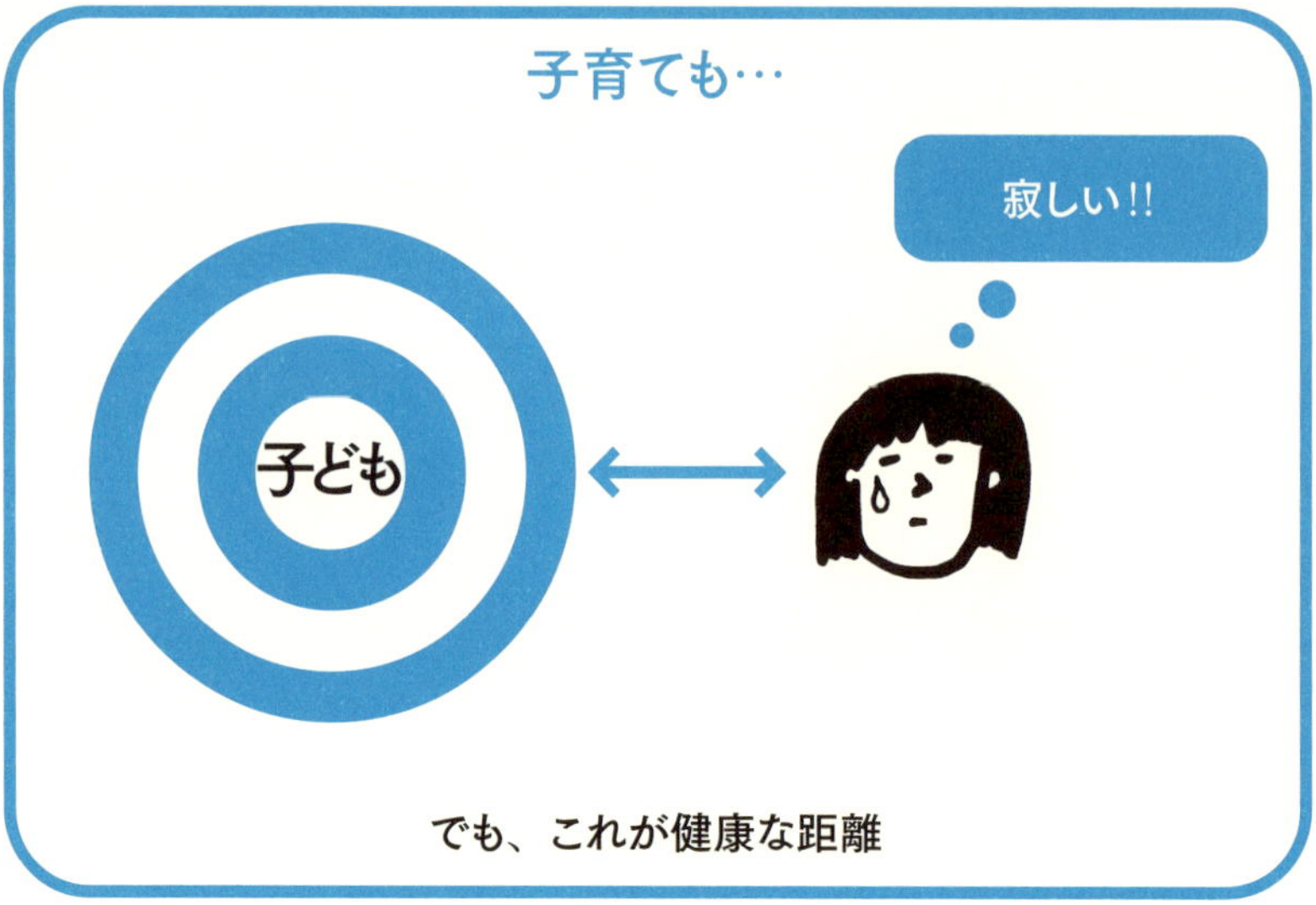

に、自分にはない」と感じてしまう。子どもを大切にしてくれてありがたいとわかっているのに、とても寂しい気持ちがすると言ってました。
自分に応援団がいれば寂しくはないんですよ。でも彼女をはじめハウスのみんなには、応援団が決定的にいなかったんですね。

あらゆる人とニコイチの関係を望んでしまう

すごく寂しいと、私たちはつい相手と重なりあう〝ニコイチ〟の関係、つまり相手と自分がぴったり重なりあって「二個で一つ」といった関係を望んでしまいます。

それは男の人との関係だけではなく、実は子どもとの関係でも、女性同士やメンバー同士や友達との関係でも同じです。「自分以外は見ないでほしい」「自分以外の人としゃべってほしくない」

寂しいから…
自分と相手がぴったりと重なることを望んでしまう
束縛！
監禁！
相手
暴力
ニコイチの関係！

といった気持ちが出てくる。

でも、応援団をもっているようなそこそこ健康な人たちはニコイチにならせてくれない。その距離が寂しいわけです。それでときどきガーッと相手のなかに入っていって、自分だけを認めろと大暴れしたりして、相手にびっくりされて逃げられてしまったりする。

実は、ニコイチとDVは表裏一体です。

相手と自分とのあいだに境界線がないときに暴力が出てきます。ニコイチになりたい者同士が恋人関係になったら、女の人は「自分以外の女と口をきかないで」と言う。男の人も「俺以外の男と口をきくなよ」「お前をホテルに閉じ込めていくからな」と言って出かける。すべてを共有化したい、心に空いている穴まで相手に埋めてほしいという欲望ですね。

しかしそんなことは不可能ですよね。埋まらなかった心の穴によけいに気持ちが集中してしまって、あるときヤダーッと言って子どものように癇癪《かんしゃく》を起こしたり相手に暴力をふるってしまう。

ここでおもしろいのは、どんなに相手に物を投げたり罵倒したりしても、忘れたり、なかったことにできてしまうことです。それは「相手」が、相手じゃなくて自分だから。おそらく暴力をふるわれたほうも、まるで自分が暴れたような感じになっているんじゃないかと思います。

これは問題が暴力であっても、金銭的なことであっても、精神的なことで追いつめることであっても、根本の形は同じだと思います。私が見てきた、どちらかがあるいは両方がアルコールや薬物依存症のカップルのなかで暴力が起きてくるときは、女性と男性の距離が異常に近い「ふたりぼっち」のことが多いです。

4 援助者に対してもニコイチを求めてしまう

援助者ともニコイチ❶

すべてを理解して
受け止めてくれるんでしょう?

「すべてを理解して受け止めてくれるんでしょ?」

それではこういう人が、ニコイチになりたい欲望を援助者に向けたらどうなるでしょう。

たとえば私がハウスのメンバーに話を聞いて、「大変だったね」と言います。すると、「ハルエさんは受け止めてくれたんだから」と、次の日に薬物を使ってきたりする。私は「クスリ使ってこないで、切ってきて」「シラフで来なさい」と言いますよね。すると、「あれだけ受け止めてわかってくれたはずなのに、なんで!?」となる。これ、わかりますか？

ボーダーラインの人が手首を切ったり、あるいは立ち直りたいと思って入院する。そこで話を聞いてくれて自分のことを理解してくれる医療者が出てくると、全部をわかってくれるだろうと思う。すると、「ここまで先生はわかってくれたんだから、手首をこのぐらい切ったらもっとわかってくれるかも」と思うんです。

援助者は常に裏切られる

この部分をよくわかっていないと、援助者の側からすると「裏切られた」という感じになる。それに「治療してここまでよくなってきたのに、どうして？」と〝謎〟が解けない。

ボーダーラインの人は、「自分をわかってくれる人と出会えて、はじめてこんな話ができました」とよく言いますよね。話を聞いたほうは、「通じたんだな」と思う。だけど、「わかってくれてありがたかったなぁ」とか、「援助者の期待に応えてクスリを使わないようにしよう」とはならないところがミソなんです。そんなふうに思えるようだったら、そもそも患者として病院にあらわれたりしないはずです。

逆に、「これだけわかってくれたら、私のつらい気持ちをもっとわかってほしい！」という気持ちが出てきてしまう。「ここまでわかってくれたのなら、自分がどんな自分であっても、丸ごと問

援助者ともニコイチ❷

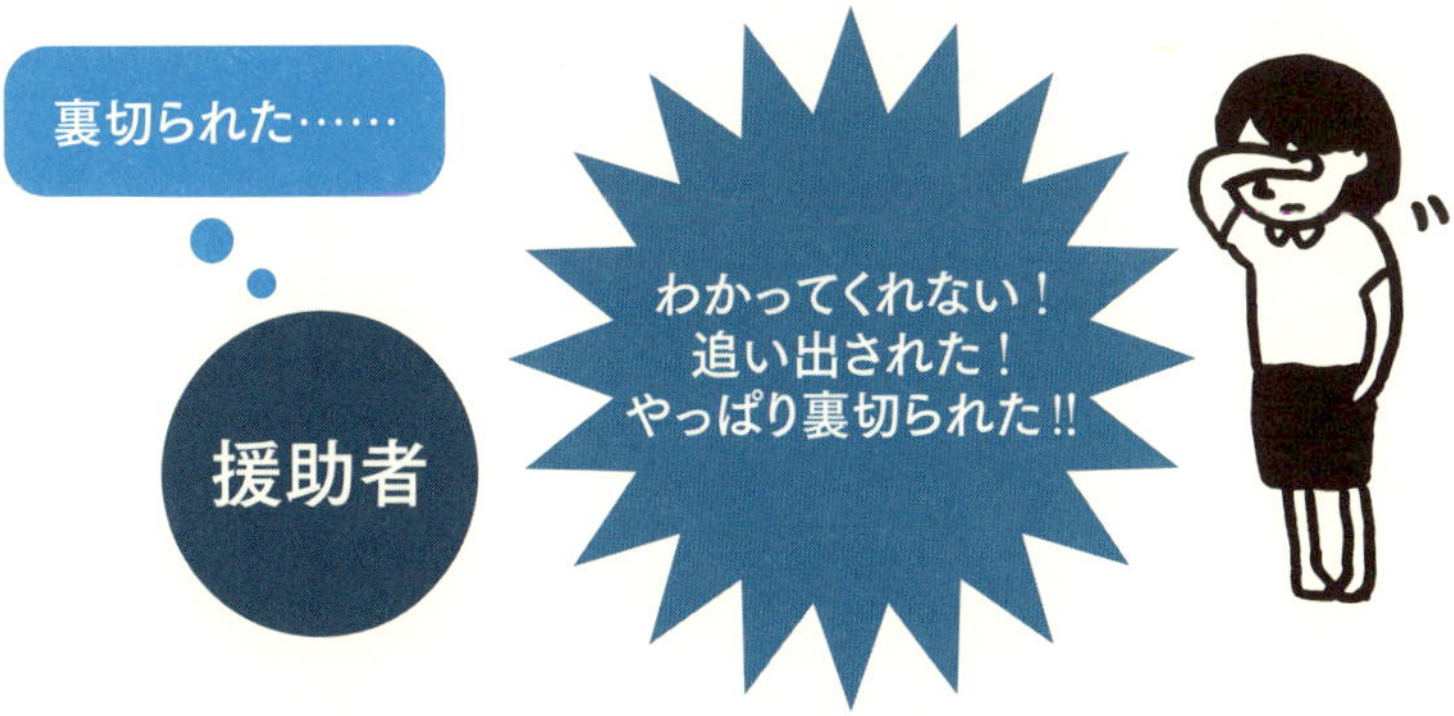
裏切られた……
援助者
わかってくれない！
追い出された！
やっぱり裏切られた!!

題のあるまま受け入れてくれるんでしょ？」と思って、試したくなってしまう。「こんなでも受け入れてくれる？　こんなでも受け入れてくれる？」と。

しかもそれを言葉じゃなくて、酒を飲んだり、リストカットしたり、オーバードース（大量服薬）したりといったように、行動化して表してくるということも知っておいてほしい特徴です。

言葉がつながらないから行動する

なぜ言葉じゃなくてすぐに行動化するのか。私は、「言葉がつながっていない人たちだから」だと思います。それまで〝話す〟という形でコミュニケーションをとってこなかった。あるいは家族のなかで「感情を表現するような言語」が使われてこなかったからです。

高学歴でお金持ちのボーダーラインの人もいますよね。彼らのものすごく上滑りな言葉に気づくことってありませんか？ 高学歴だからすごく単語をもっているのだけれど、自分を表現する言葉じゃなくて、感情が入っていない。すごく見事な論理構造なんだけれども、目の前で演劇を見せられているような感じがする。

だから薬物やアルコールなどの自助グループでよく言うのは、「言葉だけ使っちゃだめ」「言葉はいいから足から歩きなさい」「本だけ読んで言葉だけ覚えてもダメだよ」ということです。回復するときには苦しさがあります。言葉にならないものを言葉にしていくので、ミーティングでは相当気分が悪かったりするのです。モヤモヤしたりムカムカしたり、特にプログラムにつながって間もないビギナーのころは、どう言っていいかわからないし、自分が何を感じているのかもわからない。でも、決して自分を辱めない安心できる仲間と出会ったときに、それを出したいと願う。それは本当に震えるような感じです。

先日もこんなことがありました。ミーティングのときに、参加して間もない仲間が、自分の感じている胸の奥の憔悴だとか、自分はダメな人間だみたいなことを言いたい。そのときに、どう表していいのかもわからなくて、言葉にならないのだけれども、すごく努力をして嘘なく言おうとしている。そのせめぎあいが五分ぐらいの話のなかに感じられるんです。それがみんなに伝わると、聞いている側も話している側も身体があったかくなる。

言葉じゃないんだと思います、きっと。そういうことを何回も何回もやっていくと、どうしていいのかわからないいろんなものが何年もかけて変わっていって、心のなかの塊みたいなものが溶けていくんだと思います。

やめないときはやめない

さて、薬物やアルコールをなかなかやめない、あるいは自殺未遂をやめない私たちのような人に援助者が出会うと、何をしていいのかとまどってしまうと思うんです。やってもやってもやめない、やってもやっても刑務所に戻ってしまう。すると援助者は、裏切られつづけているような感覚になってくる。

しかも事もあろうに、ヘタに親切にしたら攻撃にあうこともある。「言ったのにやってくれない」とか、「あんなにやさしかったのに」と責められる。こちらに直接言われるならまだしも、それを別のスタッフに言ったりする。私もよくやられます。私への文句を、主治医や、生活保護の係の人や、保健所・精神保健センターの人に告げ口の形で言う。まわりから攻めてくるわけですね。

親切に話を聞いたがために逆に追い込まれると、すごく無力感にとらわれますよね。そんなとき、彼らの行動の裏にはさきほど言ったような心理があるのだということを知っておくと少しは助けになるかもしれません。

自殺未遂をされたら、援助者として自分に力がないような気がすると思います。でも私はよく言うんです。「援助者の方たちに力がないわけではない。この人は今はまだやめません」と。無理なときがあるんです。自殺未遂も薬も、やめないときというのがある。

そうかといって援助者は黙って見ているわけにはいかない。そんなときどうしたらいいのか――。

依存がやめられない。
そんなとき援助者に何をしてもらうと助かるか

病院で暴れてしまった、治療に乗れない、やめたいけれどまたリストカットをしてしまった。そうしたときに――非常に勝手に聞こえるかもしれないのですが――援助者に何をしてもらうのが助けになったか? 回復した当事者たちの経験をもとに考えてみたのが次頁の図です。

みんなからまず出てきたのは、「身体の手当て」です。

たとえばオーバードースによる入院を何回もしていて、大半の医療者が「勝手にしなさい」と投げてしまったときに、ある看護師さんが「熱があるみたいね、水枕をつくりましょうか」と言ってくれたとか。暴れてしまって「好きにしたら」と言われているときに、実は三日ぐらいご飯を食べてなくて、でもどうしていいかわからないときに、「おかゆにしましょうか」と言ってくれたとか。毎回毎回手首を切って「もういい加減にしなさいよ」って看護師に言われたけれど、医師が何も言わずにきれいに縫合してくれたとか。

こういう状態にある依存症の人たちというのは、「これまで身体の手当てをされた経験が一度もない」という人が多いんです。特にそういう人にとっては、何も言われずにケアされるというのがとても治療的です。このことは精神科医の中井久夫先生もよくおっしゃっています(『こんなとき私

援助者に期待する役割

1 身体の手当てをする

2 「距離をとる」のではなく、チームでつきあう

★ 複数でかかわることで、安全な距離になる

★ 一人でかかわらざるをえないときは、スーパーバイザーをもち、それを本人に伝える

★ 「応援団をもつ」ということの良いモデルとなる

はどうしてきたか』医学書院)。

相手が試すような行動をしているときに、「死ぬな!」と言ってやめさせようとするのは、ヒモの両端をお互いに引っ張り合っているようなものです。でも身体の手当てをする行為によって、このパワーゲームから別のところへ行ける。

二つめは、「距離をとるのではなく、チームでつきあう」ことです。看護職の方たちは巻き込まれやすさを自覚しているためか、「距離をとるように」と教えられていますよね。しかし距離をとるって、考えたらとても難しいんです。冷たくするのではなく、「親切にしつつ巻き込まれない」という関係はどうしたら実現できるか。私は、「チーム(複数)でかかわる」ことで安全な距離になるのではないかと考えています。結果として距離ができて巻き込まれなくなる。

治療を受ける立場の私たちからすると、援助者ってとても偉いし、力をもっているように見え

るのです。

これを話すと援助者の方たちはとても驚くのですが、実際そうなのだということを認識してもらっておいたほうがいいです。特に医療にかかわる援助者なんて、ほとんど全能に見えます。医師はすごく力がある。看護師は何でも知っているような感じがする。だから「何でやってくれなかったんだ！」と怒るわけです。全能だと思っていなければ「この人じゃ、しょうがない」と思って怒りませんから。なかでもボーダーラインの人は権威主義です。もともと暴力のシステムのなかで力を奪われてきて、自分のなかで人に対しての順位づけが確立している人たちですから。

そういう意味からいって、依存症をもつ人とつきあう医療者には、ぜひご自身がスーパーバイザーをもってほしいですね。そして、「私にもスーパーバイザーがいたり、みんなと話し合いながらかかわっているのよ」と伝えてくれたほうがいい。全能であるかに見える医療者でさえ相談相手をもっているというのは、依存症をもつ人たちにとって「応援団をもつ」ことのよいモデルになるからです。

5 私たちにとって「回復」とは

最初の応援団は医療者中心

「回復」にとって必要なのは、健康な人が応援団をもっているように、まずは自分のまわりに応援団をつくることです。健康な人だって、孤立無援な状態で社会にいるのではないです。

次頁の図はダルクに通って一年目くらいの状態を表しています。

病院で医師に会い、「きみ、薬物依存を治療する気がある？」と聞かれて「はい」と言う。何回か病院に通っているうちに、「ダルクとか行ってみる？」と言われて、ワーカーさんに相談をして、ダルクのスタッフと会う。そこで「一緒にやりますか？」「じゃ、週〇回通いましょう」となり、今度は仲間と会う。ミーティングをする。

そういうことをやってるうちに、だんだんダルクに通えるようになって、「じゃあ自助グループ

援助＝応援団をつくる❶

最初はスタッフや医療

にも行ってみますか？」という話になり、そこでまた新たな仲間たちができてくる。さらに何か月か経ち、パートに行って仕事をしたりすれば、いちばん外側にも知り合いができる。

一年目ぐらいはこのような状態ですよね。もし問題が起きたら主治医のところに行って、「先生、ちょっときつい」とか、「家族に問題が起きた」と相談する。ワーカーさんのほうがコミュニケーションがとれている場合は、医師には薬の調整だけをお願いして、ワーカーさんに相談をする。あるいはダルクの仲間やスタッフに相談する。薬物やアルコール依存の状態が重ければ重いほど、入院中に最初に相談する人として医師や看護師とのかかわりや役割がすごく大きいです。

援助＝応援団をつくる❷

応援団を社会の人に置き換えていく

それが一年から三年ぐらい経つと、応援団の人間関係が変わってきます。

相談する相手が自助グループのなかの信頼できる人になったり、夫やパートナーとの関係が戻ってきたり、信頼できる友人が入ってきたり、仕事が一年とか二年続くと仕事場の人が入ってきたりします。

こうして三年ぐらい経つと、医療者中心だった先ほどの図から、社会的な人間関係が中心の上のような図に変わっていく。こんなふうにして新しい応援団ができてきます。

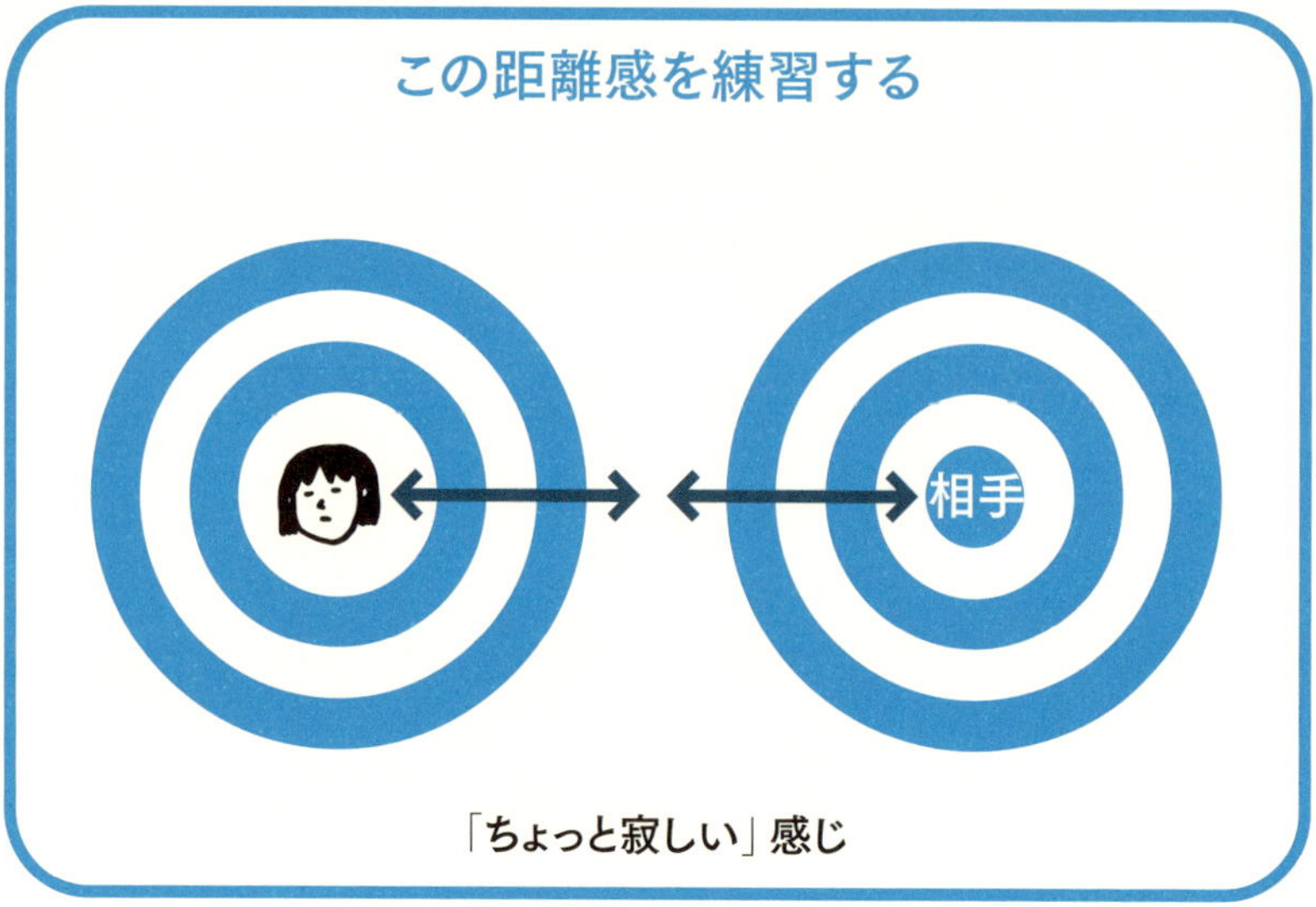

「ちょっと寂しい」くらいがちょうどいい

さて、私たちのこれまでの人との距離感というのは、ちょっと親しくなると「全部わかってほしい」になるか、「まったく関係ない」人になるか——そのどちらかしかありませんでした。ニコイチですね。

そこで、「人との安全な距離感を練習する」ことが必要です。上の図に表したように、自分も相手も、応援団をもつ者同士としてつきあうというイメージです。

しかしそれは、ニコイチの体験からすると、実は「ちょっと寂しい」のです。でも「ちょっと寂しい」感じが、人間関係を長続きさせるためにはちょうどいいのだということを体得していく。

〝すごく〟寂しいんじゃないんですよ。すごく寂

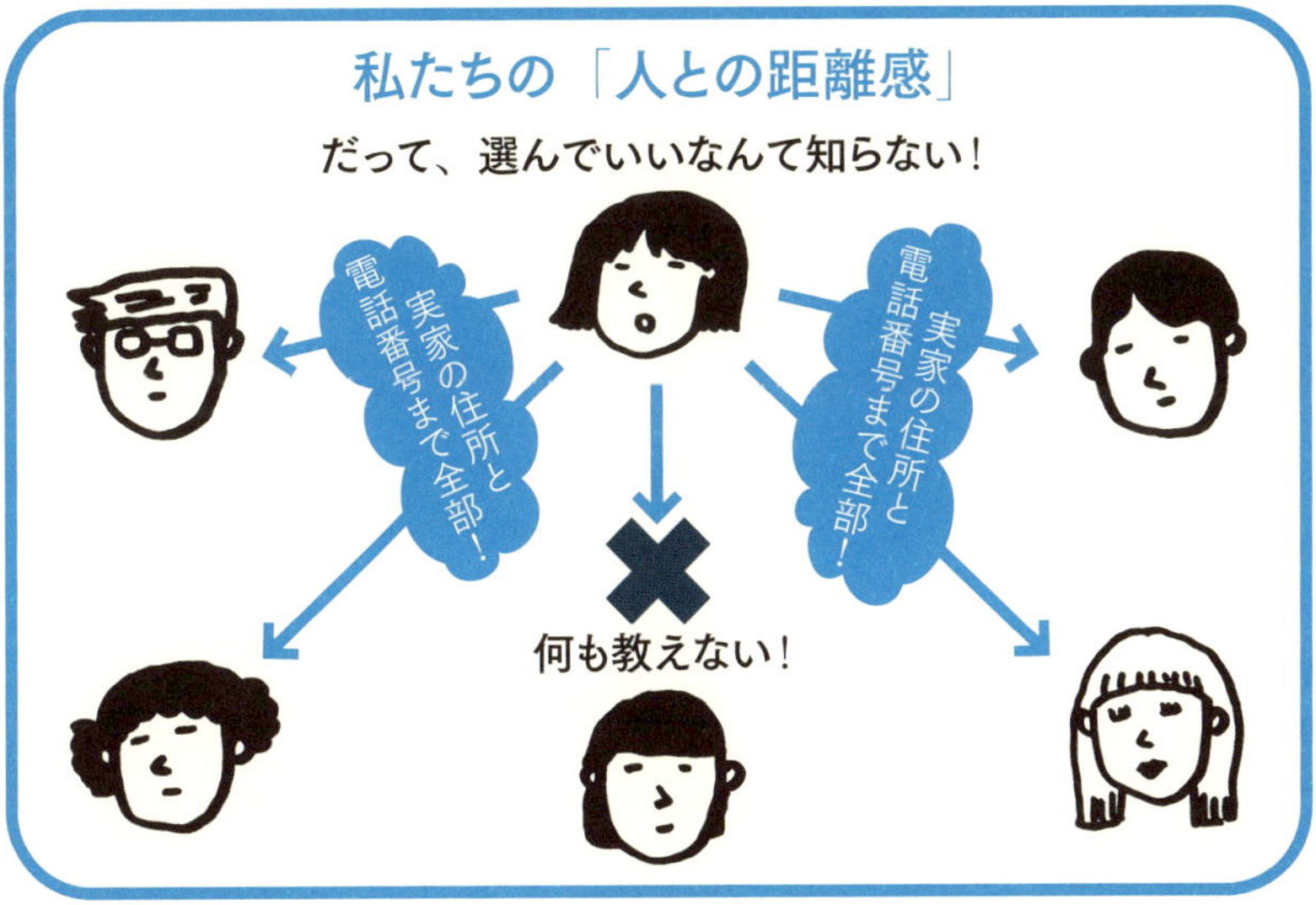
私たちの「人との距離感」
だって、選んでいいなんて知らない！
実家の住所と電話番号まで全部！
実家の住所と電話番号まで全部！
何も教えない！

しいなら寂しさに対処しなくちゃいけないいんですが、〝ちょっと〟寂しいという感じに留まれるようになるように練習をする。

寂しいと、みんなそのことに焦ってしまうんですね。それであわてて薬物を使ったり暴れたりしてしまう。でも「ちょっと寂しい」というのが正常なのだし、社会の人、道で歩いている人も全員「ちょっと寂しいんだよ」ということを、ダルクへ通所したり入寮したりして学んでいきます。

「全部教えるか、まったく教えないか」しかなかった

でも距離感って具体的にはよくわからないですよね。そこで距離感とは何か、というのをメンバーに説明するためにつくったのが上の図です。

これは、私たちのこれまでの「人との距離感」を表しています。

依存症の人たちは、危ない人とそうじゃない人との見分けがつきにくいということをお話ししましたけれども、そもそも人間関係を選んでいいなんて知らないんです。

ちょっと親しくなった人にはヒミツも全部教えなきゃいけないと思ってしまう。なぜなら「自分がチョイスできる」なんて権利があると思えないし、NOと言っちゃいけない気がしているからです。だから相手から聞かれれば、実家の住所や電話番号、携帯のアドレスも全部教えてしまう。それが恐ろしい人や泥棒、お金を奪いに来る人、暴力をふるう人であっても……。極端なんです。

6 相談する相手が変わるとトラブルの質が変わる

いろんなつきあい方があるし、選んでいいんだと知る

だから安全な距離感というのは、「誰にどこまで連絡先を教えるか」ということと似ています。今日はじめて出会ったAさんには、「こんにちは」と言って会社の電話番号を教えるとする。Bさんには、携帯のメールアドレスを教える。でも、Cさんには「危険だわ」と思って教えない。Dさんには会社の名刺だけ渡す。すごく信頼している人でも、お互いの会社の電話しか知らないことだってあるし、それでも関係はうまくやっていけるわけです。

いろいろな連絡の方法があるように、いろいろな距離感があっていいわけですよね。まったくつきあわないか、べったりつきあうかの二通りではなくて、さまざまなつきあい方があって、しかもそれを選んでいい。

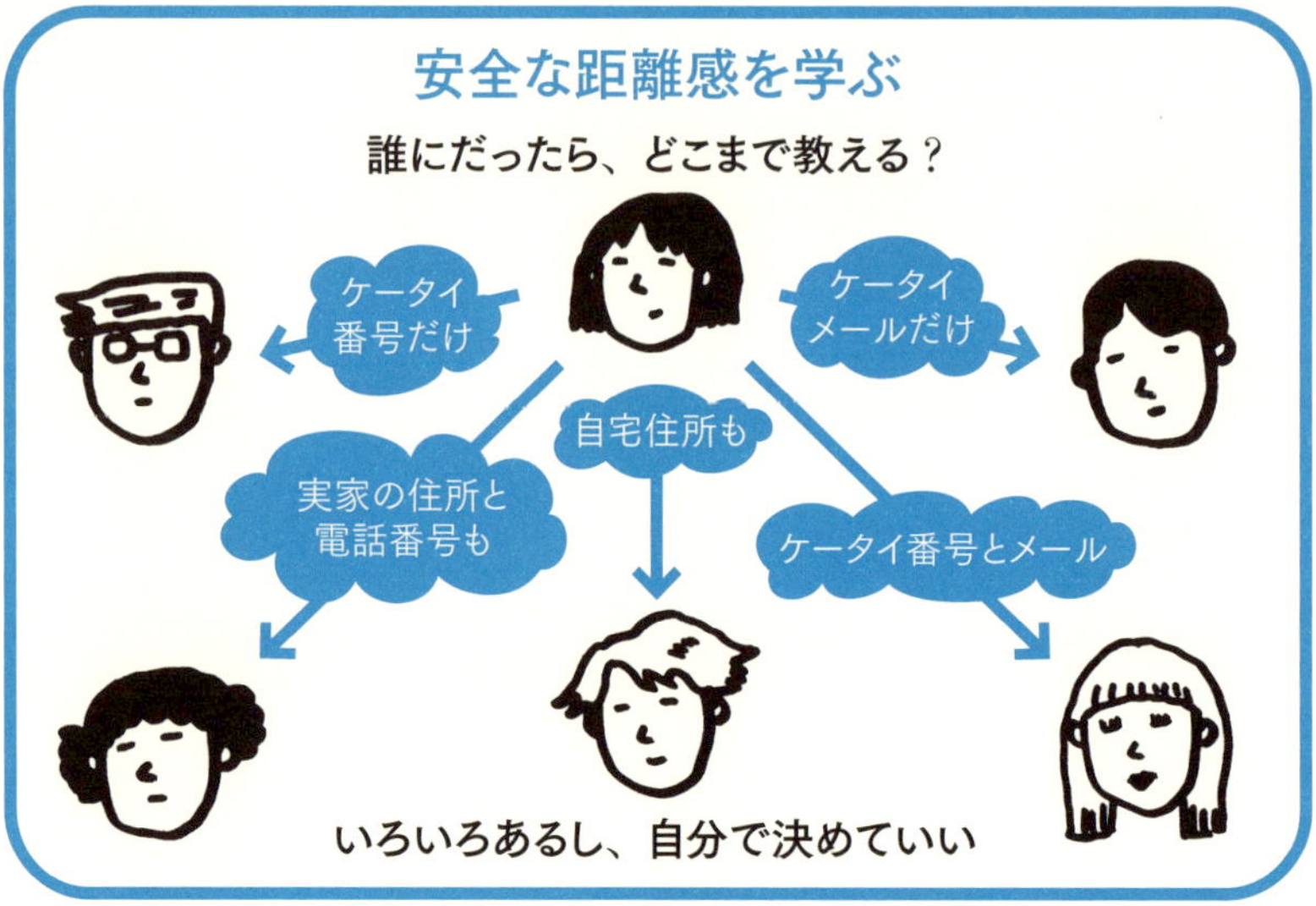

トラブルは相変わらず起こすけれど……

私は長いあいだ、回復してよくなってくれば自分はトラブルを起こさなくなるんだと思っていたんです。でも違いました。私は薬をやめてもう長いのですが、やっぱり人間関係で同じような失敗を何回も起こします。

　じゃあ回復すると何が違うのか。先日、ある仲間が言ってました。

「似たようなトラブルは何回も起こすけれど、相談する相手が変わったらトラブルの質が変わった」と。

　三年から五年ダルクや自助グループに通うと、信頼できる人が何人かできて、何かあったらまずこの人に相談するみたいな相談の順序が決まってくる。そしてだいたいそのなかだけで相談が終わ

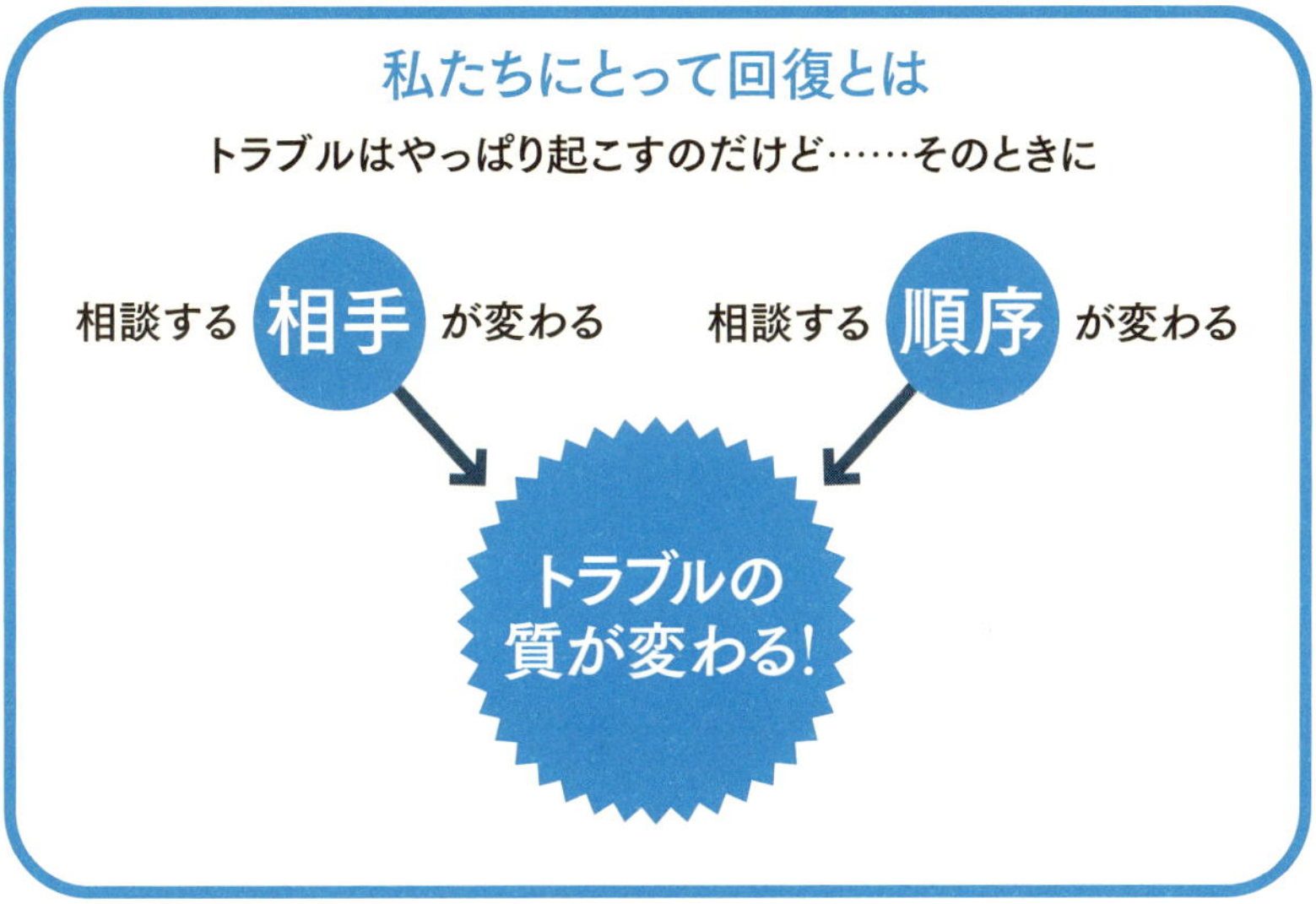
私たちにとって回復とは
トラブルはやっぱり起こすのだけど……そのときに
相談する 相手 が変わる
相談する 順序 が変わる
トラブルの質が変わる!

るようになり、トラブルを大きくするような余計な人を巻き込まないようになってきます。

むかしはトラブルが起きれば必ず事が大きくなって、自分の居場所も壊して逃げるしかないみたいになっていたのが、今のように相談する順序と相手が決まってくると、すべてが壊れるとか人間関係をなくしてしまうといったことがなくなってくる。

「トラブルの質が変わった」という言葉をその仲間から聞いたとき、私はすごくおもしろいと思ったんです。

こんな人に相談しちゃダメ

まだ応援団がないころの私たちの相談の仕方は、次頁の図のようでした。

たとえば何かで困った状況になったとしますよね。そうすると、薬物を使っている友達に相談し

ダメダメな人たち

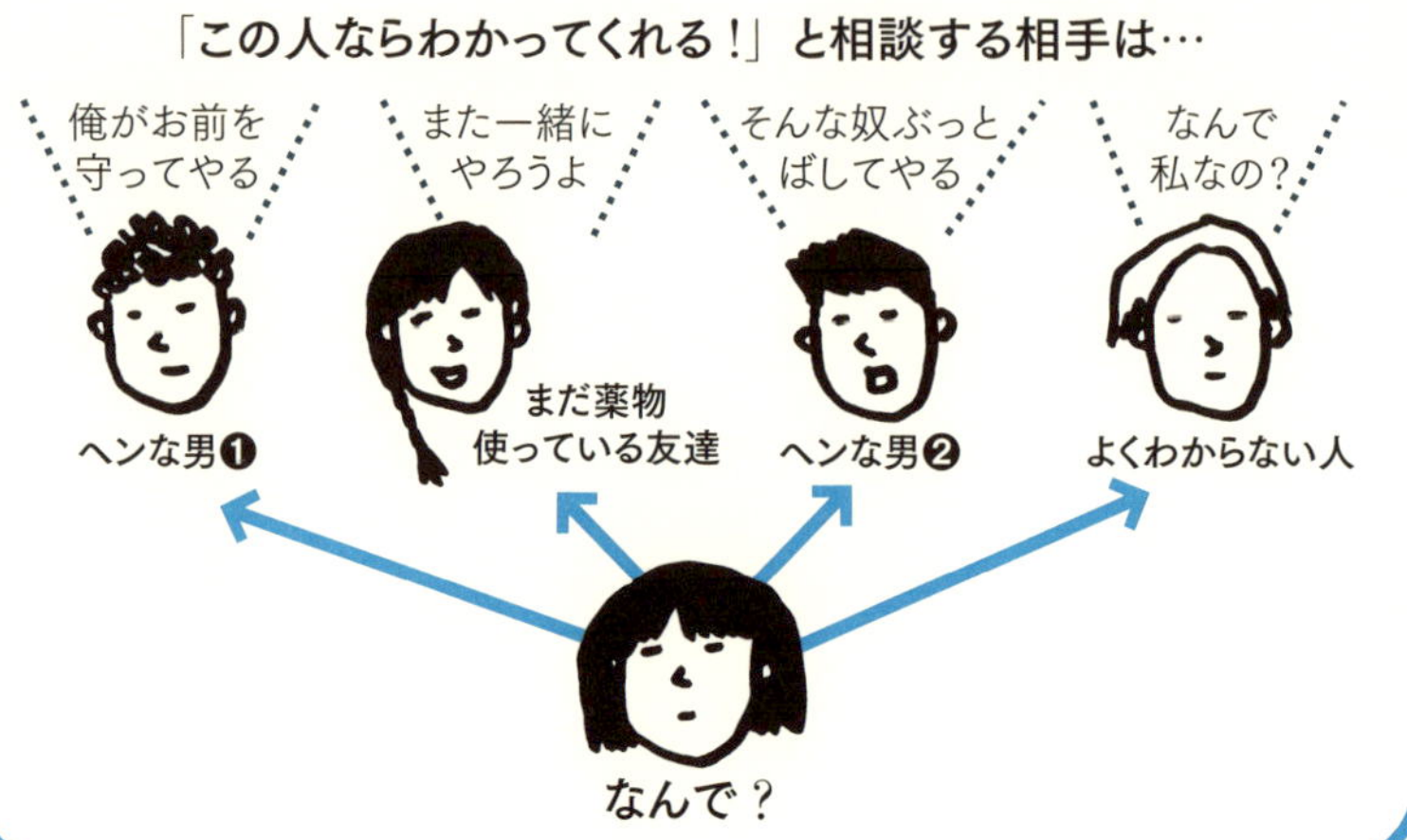
「この人ならわかってくれる！」と相談する相手は…
俺がお前を守ってやる
ヘンな男❶
また一緒にやろうよ
まだ薬物使っている友達
そんな奴ぶっとばしてやる
ヘンな男❷
なんで私なの？
よくわからない人
なんで？

てしまったりする。そうしたら何と言われるでしょう。

「そんなことどうでもいいじゃん。クスリ使っちゃえばいいよ。考えなくていいよ。シラフでそんなの、ばかばかしいじゃない。また一緒にクスリやろうよ」

そうしてせっかくやめた薬物をまた始めてしまう場合もある。

あるいは、「そんな奴、俺がぶっとばしてやる」と言うような変な男に相談してしまう。そういう人とつきあったら、自分もぶっとばされちゃうんですよね。決まってますよね、何だってぶっとばしちゃうんですから。それから「俺がお前を守ってやる」みたいな人。または「なんで私なの？」という、相談された意味がよくわからない部外者。

はじめのころ私たちは、こういう人たちのところに行って相談してしまう。みんな応援団の外の人です。なぜでしょう。

相手は事情をよく知らないので、本当は自分もひどいことを言ったのに、それは端折って相談してもバレないからです。「こんなひどいことを言われた」と一方的に訴えればいい。相手も細かいことは聞かずにその場その場で都合のいいことを言ってくれるので、楽だということがあります。ハウスのメンバーでも、まだ応援団がうまく形づくられていないときに「喫茶店のマスターに相談したら、働いたほうがいいと言われたのでハウスに通うのをやめます」と突然言ってきたりします。

「え？ 喫茶店のマスター？ 依存症のこと知っているの？」と、スタッフからすると脱力してしまうようなことが起こります。

依存症の家族も同じです。長く相談に乗ってきて、やっとこのごろ少し落ち着いてきたなぁと思っていると突然、「叔父が働けと言うので、もう家族会に通うのをやめます」と言ってきたりする。

家族は当事者以上に「相談すべき人」に相談しないですね。家族も応援団をもっていない。だからとんでもないところに相談したり、とんでもないことを言ったりする。家族のほうが難しいです。

近い人にこそ相談できない

なぜ、ちゃんとした人に応援団に相談しないのかといえば、はじめちょっと勇気がいるからです。事情を知っている人たちだから、相談すると自分を否定されるような気がして怖い。

しかしもっと根本的な理由は、小さいころから「〝円の内側〟でこそ問題が起こるという経験をしてきた」人たちだからです。

たとえば親に相談すると、もっと問題が大きくなってしまうようなことが常にあった。だから自分の弱いところを説明すると、大切なものを奪われるような気がする。アルコール依存症のお父さんから「友達と遊ぶな」と言われたり、自分の貯金やお年玉を盗られたり。目の前でお気に入りの洋服を切り刻まれたり。借金とかで夜逃げしなくちゃならなくなったり。

だから「近しい人にこそ危険すぎて相談できない」という感覚が残っている。それを乗り越えるには相当の勇気と、学び直すことと、経験の積み重ねが必要なのです。

7 回復には段階がある

女性の依存症者の回復とは

特に女性の依存症者を考えたときに、「これができるようになったら回復」というものをあげてみました。

一つは、自分の言葉で話せるようになること。「お父さんが」とか「彼が」とか「誰かが」ではなく、「私が」としゃべれるようになることです。

二つめに、自分の都合「も」優先できるようになること。相手の都合だけを優先するのではなくて、交渉するということです。依存症の人たちって、薬をやめているときは常に相手の都合を優先して暮らしているんです。しかしそのうちやっていられなくなって、突然キレて、自分の都合を申し立てるようなことをして驚かれたりする。このあたりを知らない人から見れば、「依存症の人は

女性依存症者の回復の目安

1 自分の言葉でしゃべれるようになること

2 自分の都合も優先できるようになること

3 変化する自分の身体とつきあえるようになること

自分の都合だけ優先する」みたいに思われてしまう。

ボーダーラインの人もみんなそうだと思うのですが、あるとき急にガッと文句を言うみたいなことをやるので、まわりからはトラブルに見えるのです。本人にしてみれば、もともとは引いているんです。あんなに自己主張が激しいように見えて、「実はその前にNOが言えていない」ということが多いんのではないでしょうか。

三つめは、変化する自分の身体とつきあえるようになること。

女性には生理や生理前症候群の問題といった毎月の変化、更年期といった年齢による変化、それから出産・授乳・育児による身体の変化がすごくあります。でもメンバーのみんなは、自分の身体は変化しないとか、身体がないかのように思っている部分があって、何か変化があるたびにパニックになる。それで、あたかも事件が起きたかのようになるのです。

生理の前後で洋服がきつかっただけでパニックになってしまったり、生理の前後で眠かったり、あるいは眠れなかったりとかすると睡眠薬をいっぱい飲んでしまったりリストカットをしてしまうとか。あるときは「もう死にます」と言われてたくさん話を聞いたら、次の日に生理がきて「死にたい気持ちがなくなりました」とか。そんなことが数え切れないくらいあったんです。

そういう経験をするなかで、「どうも私たちがもろもろの事件を起こすときは、かなりの割合で生理と関係がありそうだ」ということに気づいて、それを研究したのが第3章の「生理のあるカラダとつきあう術」(一一五頁)です。

感覚のスイッチを切って生きてきた

生理に限らずとも、運動して筋肉痛になっただけで過呼吸になったりする。身体が疲れてもだるく感じるだけでパニックになって、薬をたくさん飲んでしまったりする。なぜこんなにも、変化していく自分の身体と意識とがかけ離れているのか。うまくくっついていないのか。

そのいちばん大きな理由は、子どものころにいろいろなことがあったので、身体の感覚のスイッチを切って、一生懸命痛みを感じないようにして生きてきたからでしょう。薬物を使う前の段階でも、自分でスイッチを切って麻痺させた状態にしてきた。それで薬物に出会うと、より簡単に麻痺できるので「これはいい、やった」と思って使ってしまう。でもやめた途端に本当の身体の痛みが出てくるし、そういう身体とつきあわなくてはいけなくなる。

中井久夫先生は、医師の仕事をしているあいだは注射をされても痛くなかったと書かれていました。緊張しなくてはいけないようなところに長くいると、痛みを感じなくなります。メンバーにしてみると育った家庭がすごく緊張感が高かったので、ずっと痛みなんか感じないし、身体の疲れなんか感じなかった。風邪なんかひいちゃいけなかったわけです。それがつらくていろいろな危ない行動に走ったり薬を使ったりするようになる。

そんな人たちが薬をやめると、まったく感じないか、逆に痛みを感じはじめるとどうにもならなくてパニックになってしまうかのどちらかなんですね。出産のときに陣痛がわからなくて危険になったりするか、少しのことで痛い痛いと大騒ぎするかのどちらかになってしまう。

だから女性の回復といったとき、変化する自分の身体とうまくつきあえるようになることがとても大事だと思っています。

回復の四段階

ダルクでフィールドワークを一年半行って論文にまとめた人がいました。そのなかに「依存症者の回復には段階がある」ということを示す次頁の図があって、回復とは何かを考えるときに参考になるので紹介したいと思います。

断薬して間もない人から薬物をやめて長い人までインタビューをしたときに、回復の段階ごとに

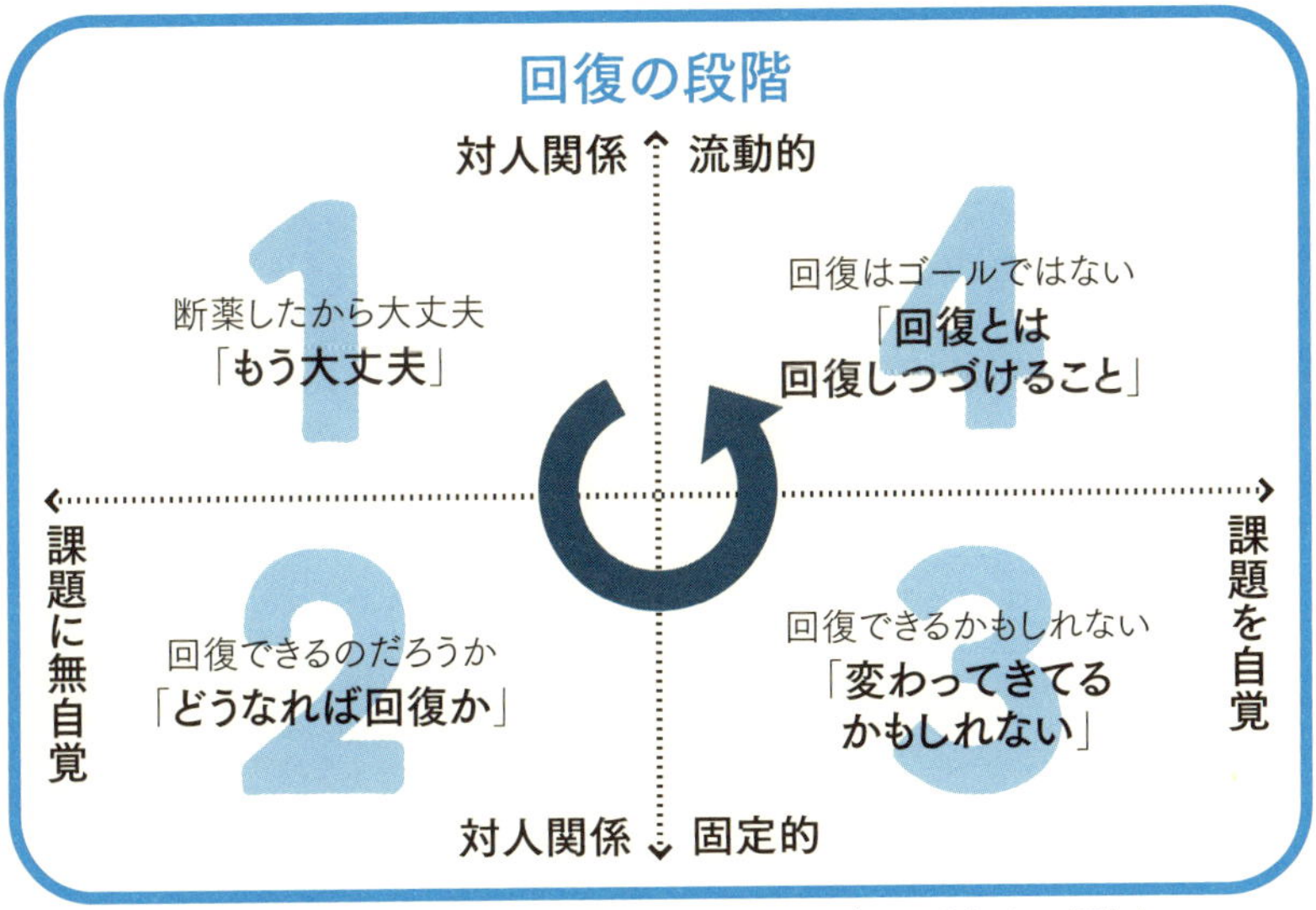

本杉綾『女性薬物依存症者の回復過程に影響を与える要因』（2003 年）を一部改変

キーワードがあることに気づいてつくったのだそうです。縦軸は対人関係が流動的か固定的かを示す線、横軸は課題に対して自覚しているかしていないかを示す線です。

断薬して間もないメンバーに面接をすると、みんな「クスリやめたから、もう大丈夫です」と言います。そう言っているときのメンバーの対人関係は、相談する人を次々に変えるように流動的で、先ほど説明したように、外側の人にしか相談していないような状態です。そして自分に薬物の問題、依存症の問題があることに対してはまったく無自覚です。「やめたから大丈夫。私たちは大丈夫」というセリフは家族もよく言います。

三か月ぐらい経つと次の段階に進みます。だんだん一緒にミーティングをしている仲間たちやスタッフとも慣れてくる。病院にも通っている。そういうところで継続して自分の問題を話したり、相談しはじめる。対人関係が安定してくる。するとこう言いはじめます。「どうなったら回復なの？ どうなったらよくなったっていうの？」

このとき対人関係は固定的になってきているのですが、自分の依存症にはまだ無自覚な段階です。次にこれが六か月ぐらい経ってくると、課題に対し自覚が出てくる。自助グループには「六か月の壁」という言葉があって、やめてから六か月目くらいがいちばんつらくて使いたくなるといわれています。そこを使わずに乗り越えたときに、「クスリをやめただけでは何も変わらない。トラブルはまだいっぱい起きている」ということがわかるようになる。それが「依存症を自覚する」ということです。それでも仲間や援助者との対人関係は壊れずに続き、まわりにいる仲間たちを見てきているので、「もしかしたら自分も変わってきているかもしれない」「回復できるかもしれない」と言うようになります。

第四段階になると、回復というのは何かゴールが決まっているのだろうと思っていたけれども、そうじゃないということがわかってくる。自分の病気を受け入れはじめて、「回復とは回復しつづけることなんだ」ということがわかってくる。このころは外でパートの仕事を始めたりして、対人関係が仲間と援助者の範囲に固定化したところから、いろんな人が入ってくる余地ができてくる。ふたたび流動的になってきます。

講演のとき、参加者に「今、みなさんはどこにいますか」と聞くと、ビギナーはだいたい「2」といいます。対人関係が固定的にならないと「1」から「2」へはなかなかいけません。もう少し経ってくると「3」のあたりだといいます。

この図で場所を示してもらうと、その人が誰に相談できているかがわかります。それによって、その人の回復度合い、安全度が一目瞭然です。

これは施設やクリニックの評価にも使えます。対人関係が流動的で課題に無自覚な施設なのか、対人関係が固定的で課題を自覚しているのか、課題を自覚していて対人関係が流動的なのか。これで施設の成長度合いがわかってしまう。

回復とは回復しつづけること

私自身でいうと、今この瞬間は、「回復とは回復しつづけること」だとわかっているのに、「もう大丈夫」と思ってしまうときもあるんです。自分の力以上に重い人の相談を受けてしまったときに、それを私のスーパーバイザーに何と言おうかと思ったときに、相談できなくなる瞬間というのがある。そして心のなかで「大丈夫。これくらい受けられる、大丈夫」と言っている。そうして案の定失敗したときに、課題に無自覚だったってことがわかるんです。なので、わかってはいても「1」であることは多いなぁと思います。

さて、「回復とは回復しつづけること」だといいました。

私が薬を永遠にやめられる裏づけなんか何もないわけです。私たちのように強迫的に完璧を目指す人たちは、再発する可能性があると思っただけで不安になってしまう。どうしていいかわからなくなって、ぐらぐらしてしまう。かえって再発しかねないくらいです。

だけど、「回復とは回復しつづけることだ」と言われると、ちょっと受け入れやすいんですね。「今日だけ」「今日一日」という言葉が自助グループにはありますが、永遠にやめようと思うと苦しくなってしまうんです。だからとにかく今日だけはやめようと思って乗り越える。

ダルクではビギナーのころはミーティングが一日三回あるから、「このミーティングまでは使わない」「あのミーティングまでは使わない」というふうに区切っていく。そうやって、「明日自助グループに行こう」とか、「今週一週間はこのプログラムをやろう」とか、小刻みな感じの決め方のほうがいいですね。

変化しつづけることが、安定することなんだ

もうひとつ、私たちが回復するときに乗り越えるべきものがあります。それは、「変化することを受け入れられるかどうか」ということです。

私は三年くらい前に、ある詩集のなかに「変化しつづけることがいちばん安定することだ」という言葉をみつけて、「そうだったんだ、くやしー」と思ってしまいました。

株価だって毎日変わるし、同じ日なんてない。それなりに変化していくことを受け入れてみんな生きていますよね。でも依存症の私たちって、変化したくないんです。不安だから今日のままでいたい。幸せであるほど、この一瞬や人間関係が永遠に続いてほしい。今日の友達のままで、今日の夫との関係のままで、親友ともこのままでいたいと何十年も真剣に思っている人たちです。薬物を

使うと時が止まったかのようになるのですが、まさにそれを求めて薬物を使うわけです。

でも、本当は変化することがいちばん安定しているんですよね。だって、まわりは変化していってしまうわけだから。自分だけが変化しなかったら安定しないですよね。このことを受け入れられたのは、私自身にとって大きなことだったなぁと思います。

focus 1

回復しても「大不満」!?

信頼感を得て、大問題から小問題へ進む

私たちにとって「回復」とはどういう状態のことなのか。そんな将来の見通しがあったほうがよいと考えてつくったのが次頁の図です。

ダルクのメンバーが最初に治療の場にあらわれるのは、圧倒されるような大問題をかかえた状態のときです。問題がからみきった状態。自殺未遂をして、リストカットして、オーバードースして、危ない男とつき合っていて、お酒も薬も止まらないし、食べ吐きもしていて、すごい借金があるのにブランドものを買いあさることもやめられない……。こんな状態のときに医師や看護師など、いろんな人に出会うわけですよね。ここから他人への信頼感の基礎をつくっていく。

問題を起こしながらも治療者が変わらずいてくれて、自助グループで新しい仲間と新たな関係を結べてくると、徐々に信頼関係が積み重なる。すると問題が中問題程度に小さくなって、リストカットの回数が減ったりする。さらに小問題ぐらいに進むと、まだときどきリストカットはしているし、ときどき誰かと喧嘩してしまったり、危な

「問題」から「不満」へ ❶

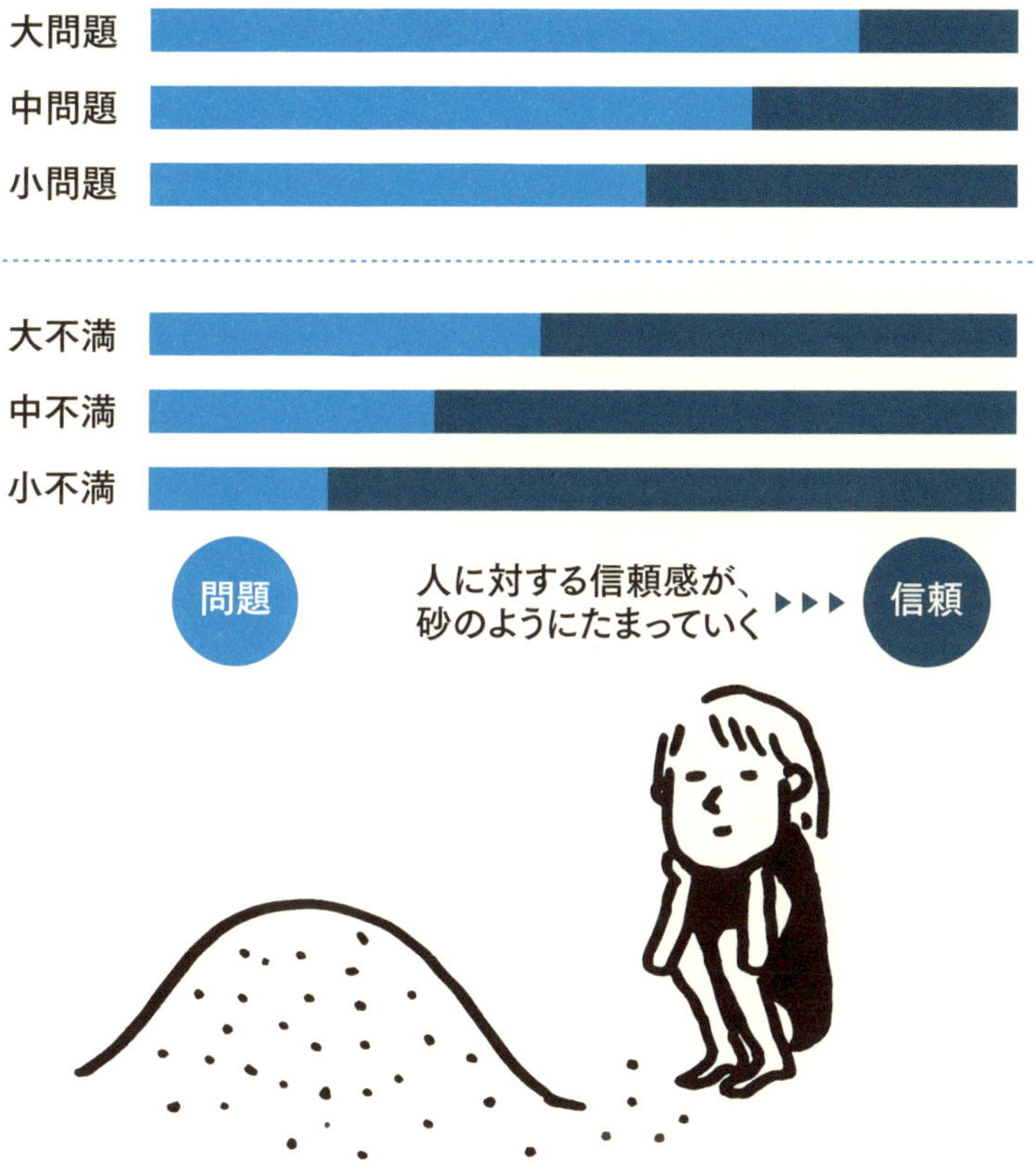

「出会い」と「生き抜く知恵」

い男と恋愛してしまうのも変わらないけれど、もう危険なオーバードースや自殺未遂はしないという段階になります。

話は変わりますが、私たちのハウスにいるのは、誕生日やひなまつりのお祝いとか、一緒に食事をつくって食べるということをやってもらったことのない人たちです。あるいはそういうたびに暴力にあっていたとか、ひどい思い出しかなかった人たちです。それをみんなで、安心であたたかい体験に差し替えていくわけですが、あるメンバーがそのことを「思い出づくり」と言いました。私はまさにその通りだと思います。そしてこの「思い出」の中身って何かなと考えると、「出会い」と「生き抜く知恵」ではないかと、私は自分のことを振り返ったときに思います。

「出会い」とは、支配関係や上下関係ではない信頼できる人間関係と出会うということでもあるし、教育の機会かもしれないし、何かすばらしいものに感動する場面かもしれない。ハウスにいるあいだは、安全な環境と関係性のなかで、今まで生きてきたなかでは体験しなかったさまざまな「出会い」に触れてほしいなと思っています。

それから「生き抜く知恵」。たとえば夜は寝るとか、朝は起きるとか、ちゃんとご飯を食べるとか、疲れたら休むとか、トイレに行くとか。それから身体の手当てをされる経験を通して、自分で自分を大切にしていいんだと知るとか。

そういう「出会い」と「生き抜く知恵」みたいなものが、どこにも居られなくて治療機関を転々とするようなあいだでも、砂のようにたまっていきます。すると、すごい自殺未遂をしたり、ＤＶに繰り返しあう、みたいなところから徐々に変化していきます。

そこからなぜか不満が出てくる

ところが、です。信頼関係がだんだんたまってきたところで、なぜか「大きな不満」が出てくるのです。たとえば主治医のことを信頼できるようになったとか、職場に少し話がわかる人が出てきたとか、そんな安心感みたいなものが出てくると、なぜかすごい怒りがわいてくる。まわりの人はもちろん、本人自身も驚いちゃうんですね。よくなってきたにもかかわらず、ものすごい怒りみたいなものに駆り立てられて、何もかも許せないみたいな気持ちが出てくるのですから。

しかし「回復していくときに怒りが出てきて、それを取り扱うのに困る」という話は、摂食障害の人からもよく聞きます。実はボーダーラインの人たちにとって、この大不満から中不満くらいの位置が、「回復」といえる場所なのです。中不満から小不満と順調によくなって、もう問題のない平安な日々がやってくるような回復像を描きたいところですが、実はそうはならない。

信頼関係もできて、よくなってくるんだけど、そうしたら不満ばっかり言うようになる。それが回復像なんです。メンバーに、「みんなの居場所はこの大不満のあたりだよね」と言ったら、とても納得していましたね。

「問題」から「不満」へ ❷

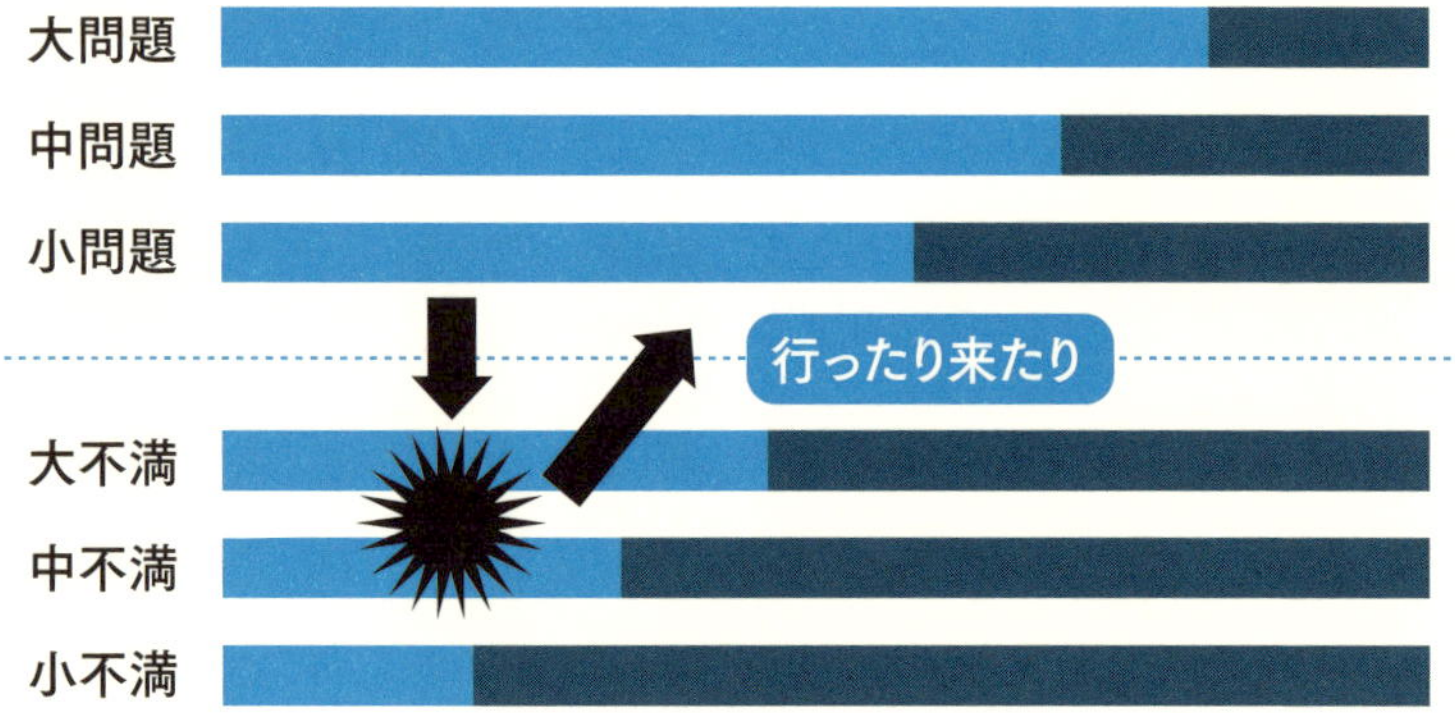

このとき何が起こっているの？
この壁は何？

世界は私を受け入れているか？

この大不満のとき、治療者は攻撃されます。嫌味もいっぱい言われますし、突然引越しをして目の前から消えたりします。そして、大問題へ逆戻りして問題を起こす。「不満」のほうへ降りてきてはまた「問題」へ戻るということを、何度も何度も繰り返します。

ただそれでもなお、たとえばハウスのメンバーでいえば、治療者との関係は切れていない。自助グループには通っているので、信頼できる人との関係は壊さずに続いている。なんとか仕事を続けているかもしれないし、たとえ仕事をやめていても、その経験を前向きにフィードバックしてくれるような人がいる。そうするとまた信頼感が砂のようにたまっていって、以前はすごい戻り方をして大問題まで行ってしまっていたのが、今は小問題程度に小刻みに行ったり来たりするようになる。

世界は私を受け入れているんだろうか

私はどうもこの、小問題と大不満のあいだに、〝壁〟があるような気がするんです。それは何なのか。

そこの壁で、「世界は私を受け入れているんだろうか」という問いが生まれているような気がします。人によっては、「自分は人に受け入れられているんだろうか」という言い方をします。

私自身もある日、目が覚めて、布団のなかで「あぁ確信した、世界は私を受け入れていない」と思ったことがあるのです。自分が薬をやめて一二〜一三年目のころでした。ハウスの仲間が自殺をしたのです。そのあとパニック発作をひんぱんに起こすようになり、うつ状態になっていたときです。朝起きた瞬間に「私は受け入れられていない」って確信した。「何が？」「誰に？」って言われたって困るのですが、ただはっきりと私は受け入れられていないということだけはわかった。それは人からも、犬からも、猫からも、世界中の景色からも受け入れられてなくて、〝世界〟という写真のなかに私はいないという感覚です。

「不満」から「問題」に逆戻りするときや、ふたたび自殺未遂したりオーバードースしたり、大問題を起こしてしまうときというのは、この「世界から受け入れられていない」ことを感じるときだと思うのです。

本当は自分の心が、まわりに対して開いたり閉じたりしているんですが、自分にとっては、まわりが遠のいていくように感じられる。仲がいいと思っていた人すべてが、突然遠ざかっていくような感覚です。だからみんなには繰り返し教えています。「仲よくしてた人が、近づいたり遠ざかったりしているみたいに感じるけど、本当は同じ距離にいるんだよ」って。「遠ざかったと思えるけれど、本当はフラッシュバックしているんだよ」って。

「受け入れられてない」という感じにときおり襲われても、そんなにメチャクチャに行動化せずに人との関係性を壊さないでいられて、そこそこ続けていられる。私たちの回復とはそこなのだろうと思います。

生きていれば、何かしら問題はあります。それでも、帰る場所（＝人間関係）があること、食べたり眠るなど身体をケアできること、経済的支えがあること——この三つがあれば、大きい幅で揺れないし、甘えることも休むこともうまかったりします。だけど私のところに来るような女性の依存症やボーダーラインの人たちを見ていると、そういうものを持ってないのです。だからつくっていくしかない。それこそ砂のように少しずつためていくわけです。

世界からNOと言われている感覚をどこかにもったまま、薬が止まったとします。しかし止まった後に何をしてるかというと、強迫行為が続きますね。不潔恐怖から消毒しまくったりとか、何かにのめりこんで倒れるまでやるとか。でも、それでいいのかもしれない。くそったれな人生かもしれないけど、「とにかく生き抜け」と言いたいのです。

［上岡陽江］

2

自傷からグチへ

上岡陽江

1 相談はなぜ難しいのか

みんなにとって「相談」はどういうものなの？

前章では、「相談する相手が変わり、相談する順序が変わると、トラブルの質が変わる」というあるメンバーの経験を引いて、「自分の問題をきちんと考えさせてくれるような人に相談することが大事だ」ということを強調しました。

ところがある場所でこの話をしたら、大ブーイングが起きました。

「相談すればいいと簡単に言うけれど、やっぱり難しくて相談はできない」

「気軽に相談してねって言われるけれど、『死にたい』と『ウチに帰りたくない』しか言えなかった」とみんなは言うのです。そこで「みんなにとって、相談ってどういうものなの？」という疑問から、この当事者研究を始めました。

実はハウスのメンバーたちも同じです。ハウスにつながったときはやっぱり「死にたい」「クスリ使いたい」しか言えなかった。だから〝相談の練習〟を、相当な時間をかけてやりました。簡単な連絡や報告の練習。それから、ハウスではみんなに「世間話の練習をしなさい」なんて言っていますが、ふだん何でもないことをスタッフや仲間に話す練習をする。そうして一年くらいかけてようやく相談ができるようになっていきました。

ですのでこの当事者研究は、「私たちはいかにして相談できるようになったか」という研究でもあります。

劇的なものしか相談しちゃいけないと思っている

まず、当事者にとっての相談の現実を聞いていきました。そうすると、「事後報告」「行きづまってからする」「劇的なのが好き（劇的な話になってしまう）」といった言葉が出てきました。

たとえば、危ない男と内緒でつきあって借金がいっぱいできちゃったとか、毎晩危険なところに行っていたとか。そういう劇的な状況になってしまってから言うのは得意です。私たちは「報告好きな女たち」なんて言っているんですけれども。

眠れないのであれば、主治医に眠れないという話をして薬を調節してもらえばいいのに、睡眠剤をどんどん勝手に増やしていってしまって救急車を呼ぶ、みたいなところまで行ってしまう。もっと手前で相談できればいいんですけれど、本当に行きづまって危ない状態になってから言う。

当事者にとっての相談の現実

・事後報告
・行きづまってからする
・劇的なのが好き
・怒られたくない
・どこまで話したらいいかわからない
・裏切られた
相談って、したことない……

それから「怒られたくない」。

今まで相談したら怒られたことしかないから、怒られないようなことしか言えない。だから本当に困っていることは言えない。

あと、「どこまで話していいかわからない」。

いったん相談するとなったら、どうにもならない自分の生活や、衝動や行動を全部なんとかしてくれないかと丸投げしたくなってしまう。あるいは今日の晩ごはんは肉か魚かに至るまで、指示を受けなければならないと思ってしまう。

そのほか「裏切られた」とか、「相談って、したことない……」という経験が出されました。

あまりにひどい相談のイメージ

つまり、相談の経験があまりにもひどいのです。

そこでみんなの相談のイメージをＫＪ法で出し

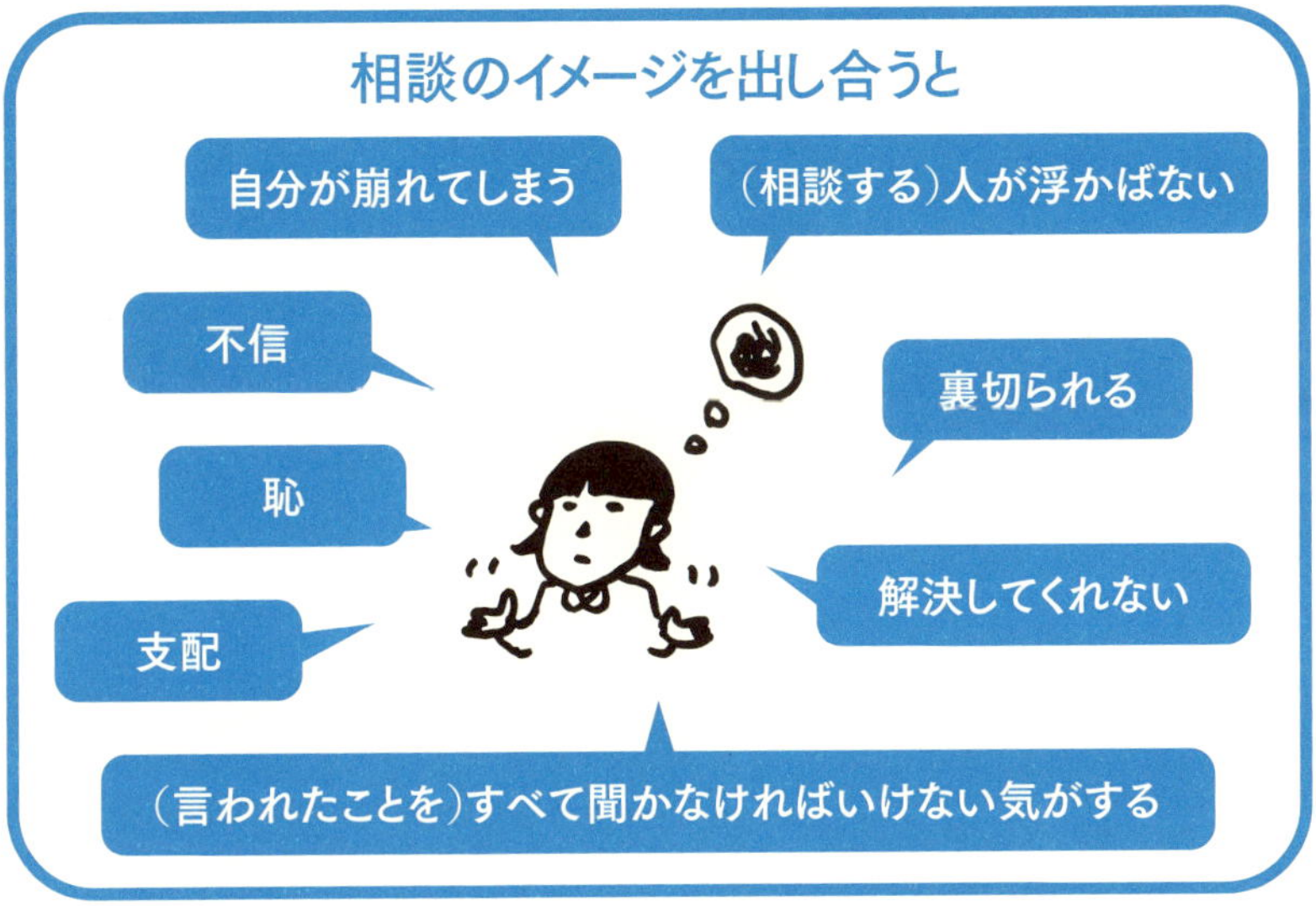
相談のイメージを出し合うと
自分が崩れてしまう
（相談する）人が浮かばない
不信
裏切られる
恥
解決してくれない
支配
（言われたことを）すべて聞かなければいけない気がする

合ってみたら、次のようなものがあがってきました。

❶相談したら「支配」されてしまう。これは逆に、「自分が人から相談されたら相手を支配してしまいそうな気がする」ということでもあります。暴力的な環境をサバイバルしてきた人は、人との関係が支配－被支配の関係になると学習してしまっている。そのような、自分がもともともっていた人との関係が投影されてしまって、支配というイメージはすごく強いです。

それから❷「不信」、❸「（相談すべき）人がまったく思い浮かばない」と言った人もいる。

あと❹「裏切り」ですね。恋愛相談を女友達にしてたら恋人をその人にとられたという。これは〝ヤク中的な展開〟としてはよくある話です。よりによって、もっともしてはいけない相手に相談してることが多いからですね。あげくの果てに自分も人の彼氏と寝ちゃったりして、もう無茶苦茶

当事者にとっての相談とは?

3つのキーワード

1 支配　**2 恥**　**3 解決**

です。自分もやっているくせに、人には裏切られたと言う。

❺「恥」は、自分がきちんと対処できなかったり失敗したことが明らかになって、自分の評価が落ちるという意識からくるものですね。「失敗した、恥だ」と思った瞬間に刻印された何か――「自分はダメな人間だ」という感覚――がよみがえって、もうこの世界にいられない、何もかも終わりだという感じです。

❻「解決してくれない」、❼「言われたことをすべて聞かなければいけない気がする」も、支配－被支配関係ですよね。

❽「自分が崩れてしまう」と言った人もいます。今までずっと大変な環境を生き抜いてきて、家族も支えてきた。いま誰かに相談してしまったら自分が崩れてしまうというわけです。

前章で親の問題や家族の問題を背負ってきた子どもは、世界のすべてを自分が背負ってしまうと述べました。その張りつめた気持ちが、「相談したら崩れてしまう」に出ている。この言葉は、私の出会ってきた人たちをすごく象徴していますね。

支配、恥、解決

当事者にとっての相談のイメージとして、「支配」「恥」「解決」という共通したキーワードがあることが見えてきました。

先ほど「解決してくれない」という言葉が出ましたが、これは私のところに相談にくる人たちが、みんなそろって言いますね。「何度もいろんなところで相談したけれど、解決してくれない」と。ボーダーラインの人たちもそうだし、重い問題をかかえた当事者の家族として相談にあらわれた人たちも、みんな言います。そして「誰も解決してくれないから、もう相談しない」と続く。なぜ「解決してもらえない」と感じるかは、八五頁で説明したいと思います。

2 相談といっても実はいろいろある

相談とひとくちに言うけれど

以前、当事者とその家族、精神保健センターのスタッフ、窓口で相談業務をしている人たち、学校の先生など、六〇人弱がまざって相談についてのワークショップをやりました。そのなかで電話相談員のAさんがこう言ったんです。「相談までいかないグチみたいなものがある」と。

摂食障害の子どもをもつお母さんが、「自分の娘はもう六年も入退院を繰り返しているけれど治らない。自分は娘のことを愛してもいるけれど、なかなか思ったようにいかなくてどうしていいかわからない」という話を毎回Aさんにするのだそうです。あるとき「いつも同じことを話してすみません」と言いつつ、「だけど聞いてもらうと、自分は安心するんです」と言ったそうです。

それを聞いたAさんは喜びました。自分たちはグチを聞いて終わってしまったなと思うようなことがたくさんあるけれど、その向こう側で、相談までいかないグチの状態でも話した人にとっては胸が軽くなったり、明日なんとか生きようと思ったりする前向きな力になっていることが今日わかりました、と。

私はこの話を聞いて、相談までいかないグチみたいなものも大切じゃないかと思いました。そこで「相談」とひとくちに言わないで、その中身を、グチも含めてもう少しちゃんと分析してみようと考えたわけです。

みんなの相談は「大相談」

相談にもいろいろあります。

たとえば「ぎっくり腰になったけど、どこの病院に行ったらいいか」みたいなこともあるし、「税金を払い忘れちゃったんだけど、どうやって払うか」という経済問題もある。あるいは人間関係の問題でも、ちょっと距離がある話だと話しやすいですね。

これらは〝からんでない〟段階の「小相談」です。だけど、ダルク女性ハウスでいつも受けているような相談は、もっと〝からんでいる〟。たとえば依存症の問題だったら「お酒が止まったら今度は買物が止まらなくなってしまって、ネットオークションの前で八時間動けない、借金もしている」とか。アルコール依存という問題がひとつ解決したようにみえても、今度は潜在していた別の依存が深刻になったりする。

大相談と小相談

小相談

健康問題だけ
ぎっくり腰の病院はどこか

経済問題だけ
税金を払い忘れた

人間関係だけ
ママさんバレーがゴタゴタ
している

▶▶▶ からんでいない

大相談

健康問題
抑うつ、親の暴力で腰を悪くしている、
依存症、自傷、卵巣のう腫、膠原病 etc.

経済問題
親の援助が望めない、酒、クスリ、
ギャンブル、買物が止まらない、
男に貢ぐ、医療費、サラ金

人間関係だけ
親から逃げている、
同性の友人ともめている、
ストーカー行為

▶▶▶ からんでいる

だいたいハウスにはじめて姿をあらわすときは、すさまじい状態になっています。薬物依存、アルコール依存で、リストカットもしてて、抑うつで、彼の暴力で腰を悪くして働けなくて、なのに親との関係が悪くて援助が望めない。DVを受けてて借金してて、さらに卵巣のう腫で、膠原病で……みたいな。こうしたいくつもの要素が複雑にからんだ問題を、一人でかかえていることがほとんどです。

それと人間関係ですよね。

母親との関係が悪かった人、つまり身近にいる女性から怒りや疑念を向けられ続けた人は、同性との人間関係がうまく築けなかったりします。そうするとつきあっている男性と密着・膠着した関係になりやすくて、ストーキングやDVにあう。まわりに味方になる人もなく孤立したまま。その痛みを消すものとしての薬物やアルコールから離れられないとか。やっと出会えた男がいい人だと思ったら、借金を背負ってしまったとか。

内容に圧倒される

表面にあらわれているそのようなことだけでも大変なのですが、さらに裏側に、子どものころ学校でいじめにあったり、不登校になったり、非行になったりの問題があって、成長に必要なケアや教育を受けてきていないという背景がある。さらにまたその裏側には、幼少時に暴力の目撃や虐待があって、深く傷ついている。

相談は難しい！
相談するほうもされるほうも
圧倒されてしまう
依存症、自傷行為、DV、身体症状
いじめ、不登校、非行
DVの目撃、
虐待
大相談は相談できない
何が問題かわからなくなっている
……？

そうやって何年、何十年にもわたって積み重なってきた問題を相談しようとすると、相談するほうもされるほうも圧倒されてしまって、どうしていいかわからなくなっちゃうんです。だから、実は「大相談」って相談できないんですね。何が問題かわからなくなっているから。

本人にとっての問題点と、人から言われる指摘はズレる

先ほど「解決してもらえない」という話がありましたが、当事者が誰かに相談をすると、自分が解決してほしいことと、相手から言われることがズレていることが多いのです。「相談しても解決しない、だからもう相談しない」というのは、そのズレが大きいということです。「当人の問題が重いほど、こちらの言うことをズレて感じるものだ」ということを、相談を受ける側の人は知っておいたほうがよいと思います。

たとえば私があるメンバーから、「〇〇さんとの関係が悪いんだけど、どうしたらいいだろう」と相談を受けるとします。私は「〇〇さんとの関係はもういいから、とにかくあなたは寝なさい。ここのとこ忙しすぎて休んでないじゃない？」と言ったりします。

本人にしてみたら、ずっと強迫的に、眠れないくらい〇〇さんのことを考えていて、身動きがとれないくらいにこだわっているのに、そんなことを言われたら「えっ!?」とムカついたりする。でも、言われたとおりに休んでみたら、結局は状況がよくなった。問題はそっちじゃなかった、とあとから気づく。

そんなふうに、誰もわかってくれない、的外れなことしか言ってくれないと思っていたけれど、実はちゃんとわかってくれてたんだなという経験を重ねていくうちに、信頼感がたまっていきます。

当事者にとっては、何が問題かなんてわからない。過去と現在の区別などなくすべてゴチャゴチャ

当事者にとっての「解決」

重い問題をもった人ほど、ズレて感じる

に襲ってくるなかで、目の前にある「問題に見えること」を全力で乗り越えることで、なんとか溺れまいとしている。必死なんです。だから最近は、「どうせ解決しないから、もう相談しない」と去ってしまう前にこちらから、「何回話しても解決しないと思うかもしれないけれど、おつきあいくださいい」と先に言っておくほうがいいのかなと思っています。

私のところに来るような人は、本当に重い問題をかかえた人たちが多いので、二〜三年で変わるとは思っていません。死なないだけでも十分。そういう人たちとのつきあい方は、信頼関係をつくって、とりあえず軟着陸させるという感じです。

本人がとらわれてしまっている目前のトラブルの解決に振り回されることや、いきなり核心の虐待とかトラウマとかを不用意に掘り下げることではなく、「ささいなこと、表面的と思われることから一つずつやっていこうね」というのが、当事者にはしっくりくるように思います。ゆっくりやろう、生き延びようね、と。

ただ、私はいろんな人の経過を見ているので、「これからこういう問題が出るかもね〜」とか「そんなふうにはいかないんじゃないかな〜」とか、ちょっと先に出るだろう問題を予言みたいに言うようにしています。相手は違和感を感じて、「また大げさなんだから」とか言うんですが、「ああと本当にそうなりました」ハルエさんの言うとおりでした。と言われることはよくあります。

これは依存症者の家族の人の相談でも同じですよね。

たとえば薬物依存症の人が相談にきたとします。結果として薬物依存症という問題がその人に出ているわけですが、本当は家族そのもの、その家族全体に問題があるわけです。時間をかけて複雑にからまっている。親族全体で否認していたり隠している問題があって、それが何かわからないまま緊張感にさらされていたりする。表面の「子どもの薬物依存を治してください」ということしか見えづらいのだけれど、本当の問題はその中のほうにあったりする。

家族の人には、「カウンセラーの人がちょっとズレたこと言ったと思っても、ガマンして聞いてください」って言いたいですね。

ミーティングで練習する、人の真似をする

私はいつも、「相談の練習をしようね」とハウスのメンバーたちに教えてきました。大相談になる手前で言えるようになるために、練習しようということです。このときに相談というメンバーに

相談の練習

ちょっと話す、一緒に考える

とって敷居の高い言葉から、「ちょっと話す」「一緒に考える」というような敷居の低い言葉に言い換えるようにしています。

まず相談できるようになったメンバーに、「どういうふうにしたら、相談できるようになったの？」と聞いてみました。すると、「誰かに相談する前に、ミーティングで話してみることが相談の練習になった」という人がいました。あと、誰かがスタッフに相談したり仲間同士で相談しているのを見ていて、「こんなときにこんな話をしてもいいいんだ」と真似をしてみたら話せるようになったという人もいました。

ここで援助者の方に伝えたいのは、たとえば看護師さんだったら、病棟で患者の相談に乗っている場面というのは、他の患者にとっても「こんなときにこんな相談をしてもいいいんだ」ということを知る、よい教育の機会になっているということです。

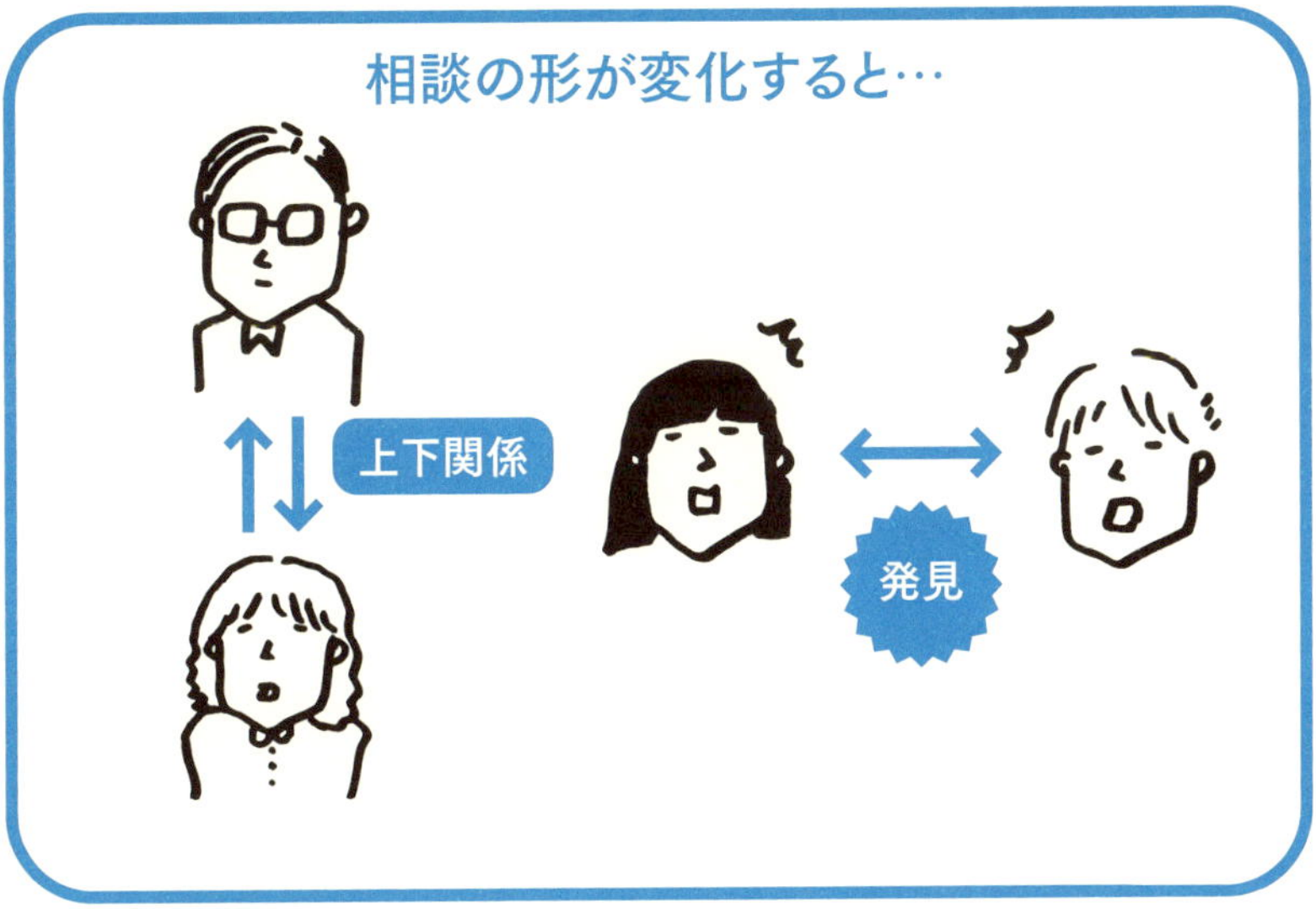

お互いに発見があるような関係が理想

「ちょっと話す」「一緒に考える」ができるようになると、相談しても上下関係や支配関係にはならないんだということが感じられるようになる。相談をしている側もされている側も、二人のなかで「あぁ、そうか」と何かが発見ができるような関係になっていく。相談というものには本来そういう要素があるのではないかと思っています。

そう考えると相談の練習とは、暴力のなかを生き抜いてきて支配－被支配の関係性しか知らなかった人たちが、少しずつ「平場の関係」を体験し、身につけていくことにほかならないですね。だから大切なのだと思うのです。

3 閉じられたグチは危険

みんなが家で聞かされていたグチは

「相談にはならないグチみたいなものでも救われる人がいる」という話が出てきましたよね。それから、「問題がからみすぎて、大相談までになってしまったら話せない」ということもわかりました。だから「大きな相談になる前に、グチみたいなものでもいいから、ちょっと誰かに話したり、一緒に考えてみようよ」と最近の講演では話すようにしています。

ところがその「グチ」という言葉に、とても反応した人がいました。「グチを言うくらいなら、死んだほうがまし」だと。

「なんでグチを言ったら、死なきゃいけないの？」と聞いたら、「私は小さいころから親のグチを聞いてきた。助けようと思って聞いてきたんだけど、自分が中学校をこえるあたりから、助けら

でも…

グチを聞かされてきた側は……

グチを言うくらいなら、死んだほうがまし！

れないとわかって、聞くたびに自分のエネルギーを全部もっていかれるような気がした。だから自分は絶対にグチなんか言わないって決めました」と答えてくれました。

それで、親のグチってどんなグチだったのかを聞いたら、「生きるか死ぬか、やるかやられるか、みたいな話」だったというのです。

エネルギーを奪われる「閉じられたグチ」

そういう人が聞かされていたのは、親が子どもにだけ言うグチです。社会から孤立し、ウチの外に言う人などいない閉じられた家族のなかで、同じ話が何回も繰り返される。親が「家出をする」と言ったりする。「言うこと聞いてくれないならマンションから飛び降りる」とか、包丁を持ち出して「死ぬわよ」とかも言う。危険な暴力もあった。そんな親たちがよく口にするのが「私は早死にする」というセリフです。

　こういうセリフは、もうグチというより親のSOSだったんだろうと思います。ただ、それを一方的に言われるわけです。ほかにも聞く人がいるような〝平面の関係〟なら救いがありますが、閉じられた空間のなかで繰り返されるグチは、まるで〝線の関係〟です。逃げ場がない。

　お母さんは言います。

「私は仲人さんに騙された。借金なんてないって言ったのに」

「こんなに一生懸命やっているのに、また暴力をふるわれた」

「もう全部私が悪いよね。」

　何度もこれを聞かされる子どもは、お母さんを支えようと思う。ところが中学生になるくらいに、ついに子どもは気づくわけです。状況は何も変わっていない、ずっと同じことを言っているだけだと。そして、じゃあ自分が何年も聞いて支えてきたのは何だったんだろうと。

　それと、自分という子どもがいるにもかかわらずお母さんは「あたしなんかいなくてもいいのよ」と思わず言ってしまう。なんとかお母さんを支えようと思ってきたのに、お母さんのなかに自分という存在なんかないんだと思う。それから、「子どもがいるからこんなことになってるんだ」とか、「子どものせいで別れられない」と言ったりもするから、私がいるからお母さんは別れたいけど別れられないんだという罪の意識も感じる。

　そうやってお母さんから何度もグチを聞かされるたびに、いつもエネルギーを奪われてきたと言います。

閉じられたグチとは？

開かれたグチ

夫婦間や
友人にも
会話がある
日常生活がある
リラックス

⟷

閉じられたグチ

子どもにだけ
繰り返される
危険な暴力のあと
親の家出や、脅しの行動
（包丁、飛び降りる、
寿命が短いなど）
一方的

平面の関係 ⟷ SOS 線の関係

こんな感じ

開かれたグチ

閉じられたグチ

生理的な欲求を言えなくなる

こういう親のSOS（子どもにしてみればグチ）をず〜っと言われつづけていると、その緊張感のなかで、「眠い」「のどが渇いた」「お腹すいた」「疲れた」「おしっこしたい」といった生理的な欲求が言えない子どもになることがあります。これらは人間にとって基本的で大切なことなのに、安心する関係がないと言えないんですね。言えないだけじゃなくて、感じなくなっていく。緊張感のなかで身体の基本的な感覚が解離していきます。

そのために、大人になっても「トイレに行きたい」と言えない人が多い。小さいころから我慢してきたから、いつも限界を越えてしまって、気づくとどうにもならない状態になっている。我慢しすぎて膀胱炎を繰り返している人もいます。逆に神経症的な頻尿になっている人もいます。このように、実はみんな想像を絶するレベルで身体の感覚がわからなくなっています。

ハウスのみんなで散歩に行ったときに、なぜかすごく怒っているメンバーがいました。「もう二度とみんなと出かけたりなんてしない！」と怒鳴っているんだけど、喫茶店に入って水を飲んだら機嫌が直っちゃった。「のどが渇いてただけじゃない！」とこっちは思うんだけど、そんな簡単なことが言えないし、わからない。子どものころに生理的な欲求を言えなかったから、我慢するのが当たり前だったからですね。

のどが渇いたという感覚は、みんな相当にわからない。危ないです。パニック発作になるような

SOS 緊張感のなかで子どもは

言えない、感じなくなる（解離）

眠い、のどが渇いた、お腹がすいた、疲れた、おしっこしたい

ときは、一日中水を飲んでないときだったりします。それを経験しちゃうと、今度はしょっちゅう水を飲んで一日何リットルにもなったりして、大変だったりもする。

アルコール依存症や薬物依存症の人たちの自助グループ内でよく言われるのもそのことです。

「きちんと寝ましょう」
「飲み物を用意しましょう」
「のどが渇いちゃいけません」
「お腹をすかしてはいけません」
「疲れないようにしましょう」

まずこれがいちばん大切なことだから、気をつけなさいと繰り返し教えられます。

生理的要求というのも実は、その表現の仕方を教えられてはじめて表出できることなのです。

4 グチにも効用があるらしい

グチを言いつづけた親はなぜ元気なのか

閉じられたグチを聞きつづけた人は、大人になっても影響が残るくらいのダメージを受けていることがあります。閉じられたグチはそれくらい危険だということですね。ところが、さんざん自分たちにグチを聞かせていたあの親たちは、「死ぬ」と何十年も言いながら、今でも生き延びている。そんなの理不尽じゃないかと怒りつつ、「じゃあ何があの人たちを助けたの?」と考えてみました。

ひとつは、グチを何回も何回も言うことで、「子どもが味方になってくれていた」ということがありますね。みんなずっと親の味方だったって言います。このようにして親は、グチを言うことで孤立感を解消できる。

それからお母さんやお父さんがグチをいうときは、絶対に自分を正当化していますよね。これも

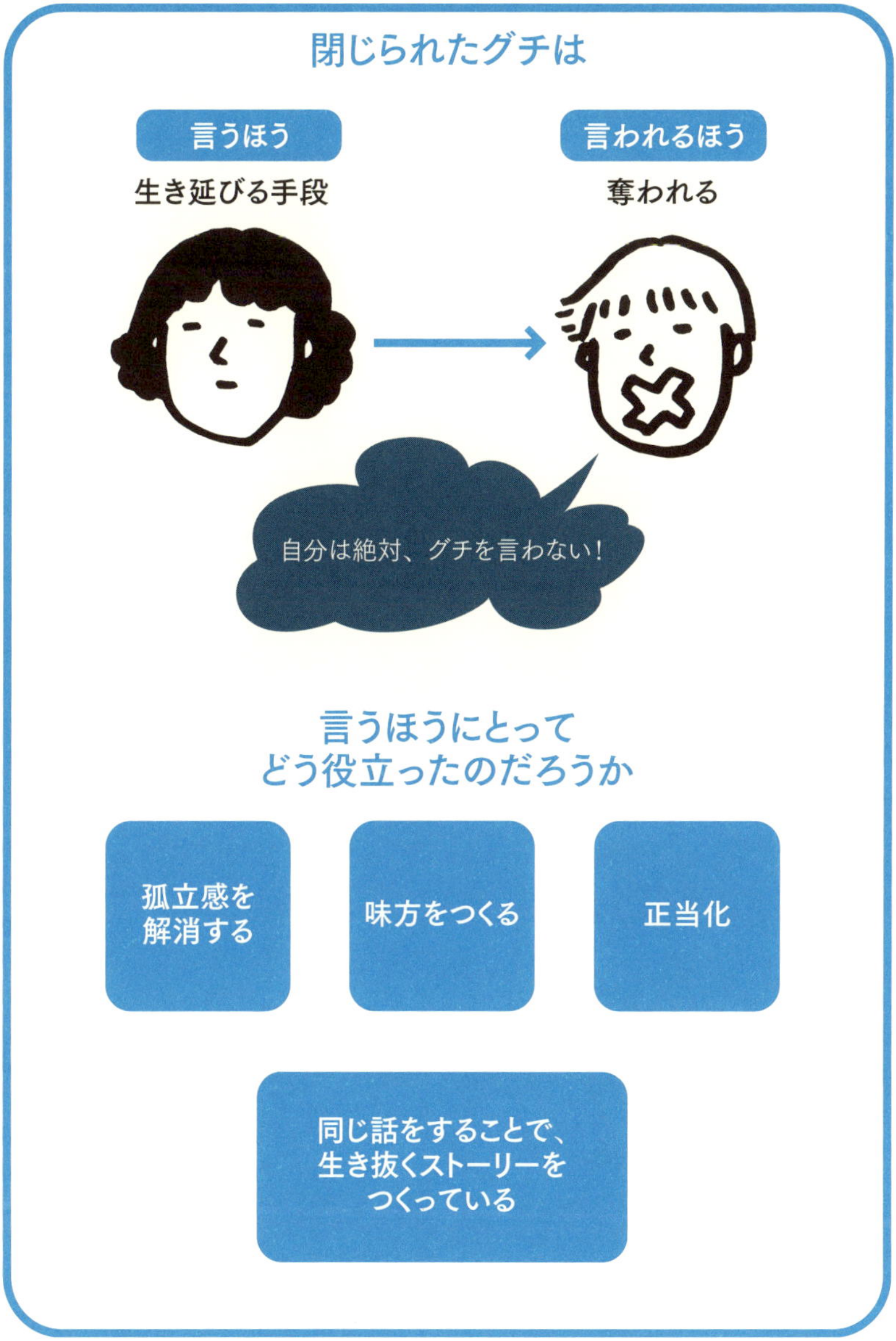
閉じられたグチは
言うほう
生き延びる手段
言われるほう
奪われる
自分は絶対、グチを言わない！
言うほうにとって
どう役立ったのだろうか
孤立感を
解消する
味方をつくる
正当化
同じ話をすることで、
生き抜くストーリーを
つくっている

彼らが生き延びるためには役立ったんじゃないでしょうか。

もうひとつ気づいたのは、「同じ話を何度もすることで、生き抜くストーリーをつくっていたんじゃないか」ということです。私はこうこうで、なのにお父さんにこんなことされて、私が悪いんじゃないのにこんなに大変だった、でもがんばっている、というストーリー。

グチを聞き流しちゃいけないと思っている人は多い

グチには、「グチを言う人を支える」機能があるらしいということがわかってきました。

とはいえ、さんざんグチを聞かされて苦しんできた人たちは、自分がグチを言って誰かを苦しめることはしたくない。じゃあ、どういうところでどんなふうなグチを言えば被害者を出さずにすむのか。つまり、「健康的なグチって何?」ということですね。

みんなはグチを聞かされていたときは、言われた問題を解決しなければいけないようなプレッシャーを感じてつらかったと言います。でも、本当に解決しなければいけなかったのか。

言葉には二種類ある気がします。ひとつは〝手段としての言語〟。これは仕事をするときに使うような言葉で、いかに効率的にするか、あるいは解決策を探るような言葉です。

もうひとつは〝コミュニケーションとしての言語〟。これは仲よくなるための言葉であって、解決策は探さなくていい。気持ちが伝わりあうことが目的です。たとえば夫婦のあいだで「今日は忙しかったよ」とか、「仕事が大変だった」みたいなことを言い合う。友人に対しても、「うちの商売

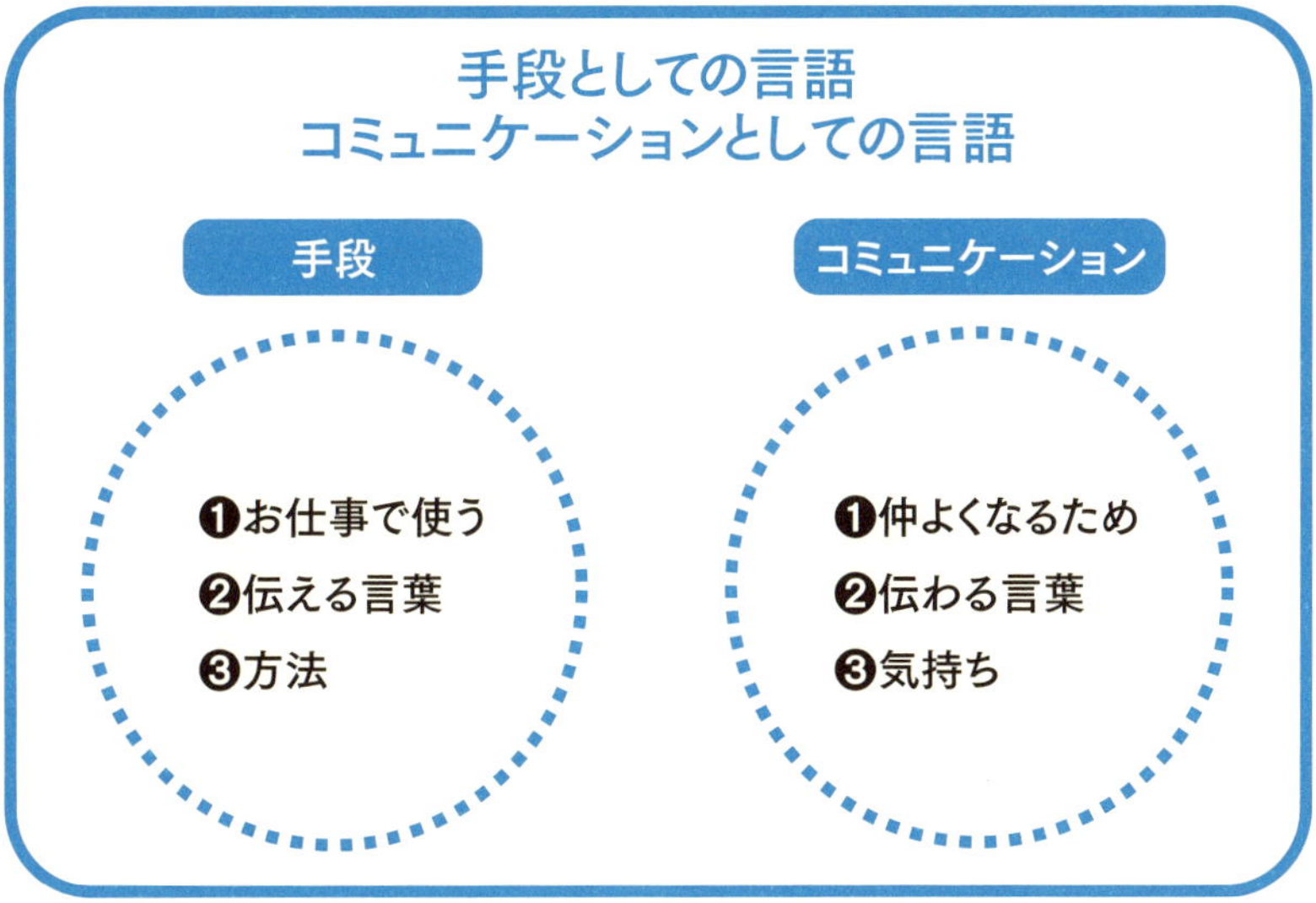
手段としての言語
コミュニケーションとしての言語
手段
❶お仕事で使う
❷伝える言葉
❸方法
コミュニケーション
❶仲よくなるため
❷伝わる言葉
❸気持ち

はいま大変なんだ」みたいなことが安心して言える。

みんなは親のグチを「聞いてしまったからには、自分が解決しなきゃいけない」と思っていたんじゃないか。だから苦しかった。もっと話半分に聞いてもよかったし、あるいは自分が聞かなくてもよかった。同じ話を別の人に言ってくれるかもしれないし、いま思えば中立機関とか専門職の人に言ってくれてもよかったんじゃないか。

こうして、「解決しなかったからといって自分が悪かったわけじゃない。自分以外に別の支え手がいたかもしれない」という可能性にはじめて気づくわけです。

余談になりますが、さらに「グチさえない家族」というのもありますね。そちらもまた過酷な環境だなと思います。そもそも会話のない家というのがあるのです。

たとえ緊張感のある家族であっても、とにかく気持ちの交流はあった、というのならまだいいですね。しかしそれさえなかったら、社会のなかで人とどうコミュニケートしていくかという方法を身につける機会をもてません。どこかからっぽで冷たい感じのなかで育って、あたたかさというものを決定的にもらっていない。それは本人にとっては相当な生きづらさだろうと思うのです。

5 開かれたグチを正当化しよう

「開かれたグチ」をつくってみる

さて、みんなは親からグチを言われつづけてきたから、自分は絶対グチを言いたくないという気持ちがありますね。でもどうやら、グチは言ったほうがよさそうなのです。そこで「あえてグチをつくってみよう」という話です。

まず、あまりにもひどいグチ（というかSOS）を聞きすぎていてグチという言葉に抵抗感がありそうなので、みんなで話し合って、「グチとは、日常的な小さな不満である」と定義しなおしました。

これは、自殺未遂をくり返しているような人たちに対して特に強調したいところです。自殺を考えるようなときは、「怒濤のような痛み」（一四三頁）のなかにいて、朝なのか夜なのかまったく関係ない生活をしています。いたたまれない思いを一分でもいいから埋めたいと思っている。そうい

グチとは

日常的な小さな不満
大きすぎる、大変すぎるのはグチじゃない

▼

グチは解決しなくていい

日常性の喪失

本当は、日常的困難がたくさんある

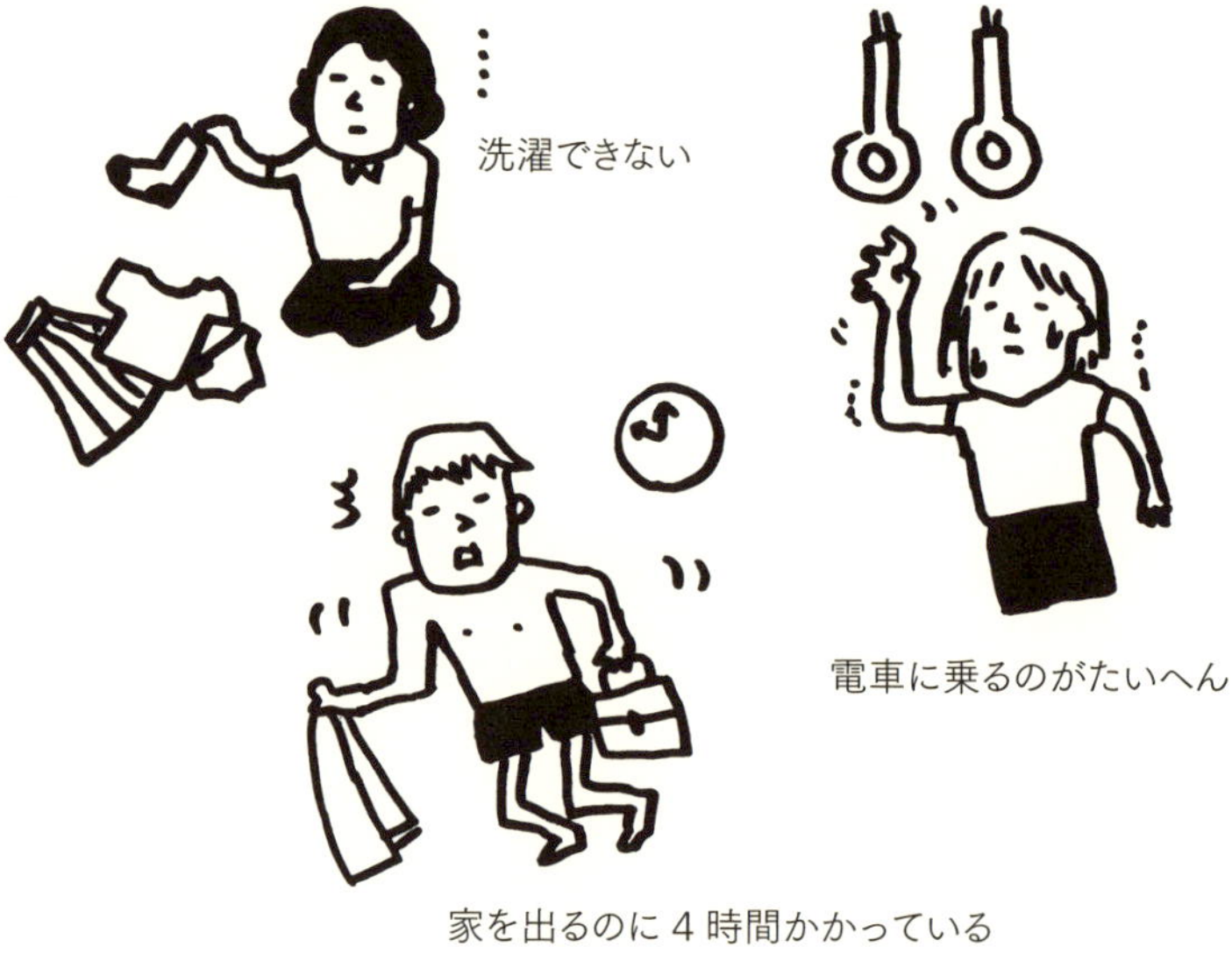
洗濯できない
電車に乗るのがたいへん
家を出るのに４時間かかっている

う人たちに「日常的な小さな不満」なんて言ったらびっくりするし、何のかかわりあいがあるのかという反応が返ってきます。しかし実際にグチをつくって言ってみると、急に日常的なところ引き戻されます。たとえば「洗濯物が乾かない」とか、「また今朝もゴミを出し忘れた」とかです。

ボーダーラインの人たちは、日常的なところで困ってることがたくさんあるのに、それを説明するのがとっても下手なんです。彼女たちが「死ぬ」しか言えない背景には、実はこんな日常的な問題をうまく表現できないことがあるんじゃないかと思っています。たとえば潔癖の強迫がすごくて病院に行くのに電車に乗れなかったり。あるいは、お風呂に何度も何度も入って身体が擦り切れるくらい洗わずにはいられないから一〇時に出かけるために朝五時に起きなきゃいけなかったり。そんな苦労をかかえているんですが、そういう話は診療の場では言わなかったりする。

前述したように、子どものころから、身体のことや生活のことなどを話す経験をしていないんですね。話していいと思っていないうえに、そもそも感じにくくなっている。それに、身体や生活のことなどを話すのに「恥ずかしい」という感覚をもっている。

要するに、疲れたって言えばいいのに言えずに自殺未遂しちゃう人たちですが、「死ぬ」としか言えなくて本当に死んじゃうことが私は恐いんです。だから、グチも不満も何も言えなくて〝いい人でしかいられない〟人たちに、「少し日常的に困ってることを話そう」と言ってあげてください。手首を切ってまで生き延びようとしている人たちなんだから、グチがないわけはありません。

開かれたグチにするためにはいくつかのポイントがある

さて、このように親のグチを分析するなかで私たちが学んだのは、「思いっきり自分を正当化していい」「自分を中心に話していい」「他人のせいにしていい」ということです。だけど、ボーダーラインの人たちは自分が全部悪いと思っているから、「そんなことできない」「人生のなかで人のせいにしたことなんて一〇〇%ありません」と言う。でも、苦しみながら、とにかくグチをつくってみる。

そのとき外してはいけないポイントがあります。

第一に、「グチを言う相手を間違えちゃいけない」ということです。家族のなかで言うんじゃなくて、外にきちんと話せる相手をつくってからやってねと。

これを依存症者の家族の人に話すと、みんな「ごめんなさい。私、子どもに垂れ流してきたと思う」と言います。そんなとき私は「でも、グチを言うのをやめちゃうと死んじゃうから、言ってもいいけど場所と人を間違えてはいけないんですよ」と伝えます。

家族のなかでの閉じられたグチから脱出するためには、たとえウチの恥となることを話したとしても、それを「恥と感じない」場所と時間をつくることがとても大切になってきます。特に違法薬物の問題というのは、恥の感覚がとても大きくてそうそう話せない。それを恥と感じない場所というのは、たとえば精神保健センターや保健所の相談員やカウンセラー、あるいは自助グループとい

正しいグチのつくり方

正当化する
思いっきり、自分を中心に話す
他人のせいにする

▼

話す相手を選ぶ

正しいグチの話し方

「グチなんだけどね……」と前置きする

話す相手を選ぶ

▼
▼
▼

悪口だと誤解しないで聞いてくれる人に話す
家族の恥を話しても恥ずかしくない相手と場所をつくる
閉じられたグチは危険
四方八方に垂れ流さない

うことになるでしょうか。

第二に、悪口を言っていると勘違いしないで、グチとして聞いてくれる相手であることが大切です。つまり、うまいグチというものがあるわけじゃないんです。内容じゃなくて「誰に話すか」なんです。こうやってこぼされるグチを、〝閉じられたグチ＝危険なグチ〟に対して〝開かれたグチ＝正しいグチ〟と名づけたいと思います。

専門家のみなさんへ

手首を切るのならグチをあえてつくってほしい。特に「他人のせいにする」というところを、がんばってやってみてほしい。一方〝加害者〟だった人たちは、家族にグチを言うのをやめて、「家の外で話す、専門の相談機関で話す」ということをやってみてほしいのです。

ここで専門職とか中立機関の人たちに伝えたいことがあります。専門職の方のなかには、グチを聞くということを非常にネガティブにとらえる方が多いですね。「自分は相談を受ける仕事なのに、グチなんて聞いている場合じゃない」と思って、「グチで終わってしまったら働いていない」みたいな気になるらしいのです。

しかし何度も言ってきたように、相談するというのは誰にとっても難しいことなのです。ましてや窓口に来ようなんて思っている人は、問題が相当からまった状態になっています。そんな〝大問題〟になってしまったら、何が問題なのかわからなくなっているし、話しても話してもどうにもな

「幸福なグチ」に変えるには

被害者だった人は、「グチをつくる」練習を

▼

「他人のせいにする」ことを、がんばる

加害者だった人は、家族にグチを言うのをやめる

▼

専門の相談機関へ

らない。だったら〝小不満〟の段階で話すしかないのです。

そうやって話すだけで、案外、整理できます。問題が小さいうちに話せば、危なくならずにすむ。でも悪口だと思わずに聞いてくれる人、ウチの恥だと思わないで話せる人なんて、そうそういません。だからこそグチが家のなかに閉じてしまったわけだし、それが当然だとみんなが思っていた。そして、そのなかで力を奪われてきた人たちがいた。

その構造を解きほぐす必要があるからこそ、「グチを聞く」ことが専門家の大きな役割なのかもしれないと思うのです。

グチの復権を

自殺未遂を繰り返しているような人たちは、「疲れたら寝る」ということさえ難しい。寝たら悪夢を見てフラッシュバックが起きるから、夜は怖くて眠れない。ごはんを普通に食べるということもわからないし、身体の痛みや病気もかかえている。強迫行為で日常生活にいちじるしい支障をかかえてもいる。

「死にたい」しか言えないそんな人たちに、「自分のなかの小さな不満や不安を言ってもいいんだよ」と伝えたいのです。開かれたグチの正当化、グチの復権ですね。グチを少しずつ言ったり書いたりしていくことこそが、「死にたい」という〝大問題〟を少しずつほどいていくのではないかと思っています。

「死ぬ」しか言葉をもたなかったけど

「雨続きで洗濯物が乾かない」

「せっかく片付けたのに、また散らかす！」

「私の顔をみるたびに『つまんない』って言うなよ〜」

「お腹すいた」「眠い」

「がんばってるね、って言ってほしい」


とか、いろいろあるはずだよ〜

そうやってだんだん回復していくのですが、「よくなる」とはどういうことでしょうか。それは「前は全部痛くて『具合悪い』としかいえなかったけれど、今はどこが痛いか、何に困ってるかがわかるようになってきた」ということです。治るわけじゃないんです。

眠れないんだとしたら、昼間に無理な人間関係を我慢しなければいけないと思っているからかもしれない。あるいは、そもそも自分が眠っていいと思っていないから、夜通しインターネットやオンラインゲームをせずにはいられないのかもしれない。

そういうふうに、からまった問題を具体的なところにまでほどいていくのは相当時間がかかるし、それがわかったからといって眠れるものでもない。ただ、「死ぬ」しか言葉をもたなかった人たちが、「インターネットやめられないんだけど。最近は目が痛くって八時間は無理だわ」なんて言

「グチをつくる」ことで…

日常を大切にできるようになる

症状やトラブルが…

人をつなぐ

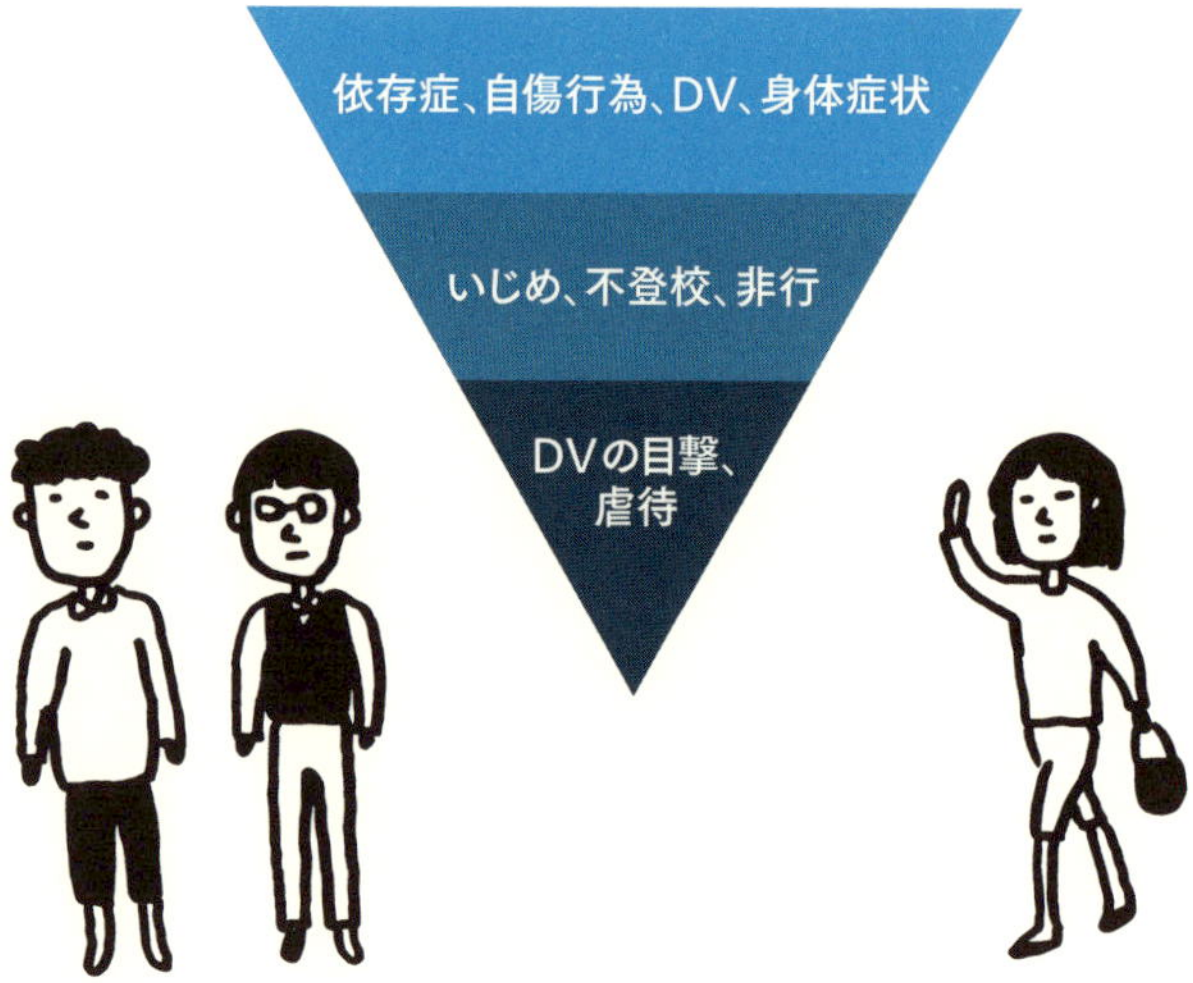

えるようになるわけです。

そういうことを言える相手がいる、という豊かさを感じてほしい。そんなふうに緩やかに人とつながっている感覚をもってほしいと思うんです。それが「信頼感をためていく」ということじゃないかと思います。

やがて、これら「問題」こそが、仲間と出会ったり、人間関係をつくるために必要だったって思うようになります。八四頁に「依存症の相談は、相談するほうもされるほうも圧倒されてしまう大きく深い問題だ」という図を載せましたが、「依存症になってよかった。この自分の、この人生でよかった」って心から思うようになる。誰もが扱いかねた大きな問題が、実は世界で独りぼっちだった自分と人をつないで、「世界と自分をつないだんだ」という感謝に変わっていく。

グチをきっかけに、その希望をもってほしいと思うのです。

focus 2

同じ話を心の中で落ちるまで話せ

自助グループでは同じ話をしている

先ほど本文で「同じ話をすることで、生き抜くストーリーをつくっているんじゃないか」と書きました。これに思い当たったのは、実は自助グループのなかでも同じようことをやっているからなのです。

自助グループのメンバーが大好きなストーリーが三つある。

一つは家族の話。たとえば私は子どものとき親がいなかったとか、うちのお母さんはこうでこうでこうだったみたいな話。

二つめに、自助グループにつながってこう助かったっていう成功体験の話。

三つめに、クリーン（酒や薬を使わない）を続けるなかでその人に繰り返される、その人のオハコとでもいうような話。自分はこういう状況でいつもこういう失敗をくり返してしまうとか。社長との関係が悪いとか、俺はこういう人との関係は難しいんだといった話。

この三つを順繰り順繰りに、何度も何度も話をする。「自助グループのなかではこ

んなにみんな同じ話をしている」ってこと、普通の人は知りませんよね。しつこく一〇年も話しているって知らないでしょう。

自助グループでは、「同じ話を心の中で落ちるまで話せ」って言われるんです。このグループでもあそこのグループでも同じ話を続けろと。それは案外大切なことなんです。

自分の話になってくる

たとえばあるグループで「恋人と別れたいけど、相手が〇〇って言うから別れられない」という話をして、別のところでも「もうだめだ〜」って何度も何度も同じ話をしつづける。そうするうちに、「自分にとっては危ないから別れたほうがいいんだ」というような、自分のストーリーになっていく。「私はこう感じている、こう考えている」と、自分の話になっていくんです。

あと、特徴的なのは話すときの口調ですね。「こういう大変なことがあったんだけど、自分は生きている」とか、壮絶な話を希望に満ちた話のように話す。聞く側が笑いで受け止めたりして、グループの雰囲気は案外明るい。話の内容そのものより、そこに乗っている気持ちを受け止めあうのだと思いますね。そういう独特の雰囲気のなかで変化していく。

痛みが「静かな悲しみ」に変わるまで

家族を恨んでいる話をする人がいますよね。「自分を捨てていった母親を許せません、うちのお母さんは先生と駆け落ちしてしまったんです、だから僕は先生と呼ばれる人が大嫌いです、見ると暴れたくなります」と。そりゃ非行化するわ。

その人はこの話を一〇年ぐらいしているんですが、最近では話の最後のほうが「自分はお母さんを許せない、けれど今は自分の恋人との関係のなかで、お母さんが感じたようなことを感じてる」とか、「知らないあいだに同じようなことをしていたような気がしてきた」と変わってきているんです。

私自身もたいへんな問題があったときは、意識して何度も何度も話します。たとえば立場の違う友達にも話してみるし、自分のグループでも話す。さらに、いつもは行かないグループに行ってみたりもする。同じ話をしているんだけど、聞き手が違ったり回数が増えると、話の内容がちょっと変わってくるんですよ。

一度話したらもう同じ話をしちゃいけないと思っている人が多いですね。「この話、このあいだしましたよね」と言うから、私は「いいのよぉー。〇〇ちゃんはこの話がオハコ！ 同じ話ができるようじゃないとよくならないわよね」と言って話をうながします。痛みが静かな悲しみに変わるには、数え切れないくらい同じ話を誰かに聞いてもらわないといけないですね。

［上岡陽江］

3

生理のあるカラダとつきあう術

ダルク女性ハウス「なまみーず」

ダルク女性ハウスでは、医学や心理学からの借り物の言葉ではなく、自分たちの言葉で自分に起こっていることを語り考える「当事者研究」に取り組んでいる。

研究を始めたきっかけは、「施設長が言ってるからやりましょう。おもしろそうだし」という感じだった。当初はファシリテーターとしてスタッフの関与があったが、しだいにその手を離れ、結局はハウス利用者だけで研究していくことになった。

施設長やスタッフがいなくても安全な場になるように、それでいて有意義な話になるように、ミーティングはどんな方法で、どんな進め方をすればいいのか——まずはそこから知恵を絞らなくてはならなかった。そのためには、「自分たちがしてもらってきたこと」「いつも言われてきたこと」をまず徹底的に話し合う必要があった。

このようにして本章の研究は、後述する「なまみーず」の四人で企画、運営、まとめまでのすべてを行った。それはまるでハウスの卒業試験のようだった。もちろん、その場にはいなくても施設長はじめスタッフから全体を見守られている安心感があったからこそできたのだと思う。

私たちが取り組んだのは、「生理のあるカラダとどうつきあうか」というテーマである。

1 なぜ「生理」をテーマに選んだのか

再使用の「引き金」を探す

私たちはダルク女性ハウスで、「安全に生活する」ということを学んでいる。

薬物の使用をはじめとして、衝動的・暴力的で自他を傷つけるような言動など、私たちはやむにやまれない衝動とパニックのなかで取り返しのつかないことをしてしまいがちである。そういった「危ないこと」に飲み込まれないで乗り越える方法を学んでいくのだ。

その際重要なのは、再使用の引き金に早く気づくことだという施設長からの提案を受け、「どんなときに使いたくなる?」「それがわかるようになって役に立ったことは?」と話し合った。

薬物をやめはじめると、私たちは幾度となく、薬物が使いたくて使いたくてたまらない状態に突如襲われる。私たちの言葉でいえば「使いたい」「欲求入る」という状態であり、これに適切に対処していくことがクリーン（薬物を使わない）でいるために絶対必要なこととなる。

クリーンになってみると、「使いたい時」というのは、「今までなら使ってしまっていた時」だとわかるようになる。かつては、そんなことを意識する間もなく薬物を使用していたと思う。もう使うしかないようなせっぱ詰まった状況になるまで欲求に気づかなかったのである。

だから私たちはハウスで、「まず欲求に気づくことが大切だ」と教えられる。ずいぶん手前に、「使いたい」サインがあったはずなのだ。どんなときに引き金が入るかを振り返り、それに対してミーティングのなかで幾度となく話し合われ身についてきたことは何だったかを考えてみた。結論は、「生理に関連する心身の変化とつきあうこと」だった。

生理は、毎月やってきては私たちを混乱させる、もっとも身近に出会う引き金である。生理とのつきあい方を学ぶことは、クリーンでいるために切実に必要なことのひとつだと感じている。また、テーマ決定のための話し合いのなかで引き金としてあがった種々のことは、結局すべて「生理前に悩まされていること」に帰着するように思われた。「妄想」「とらわれ」も身体症状も、生理前には特にひどくなる。生理をテーマにすればすべてを網羅できると考えた。

気分の変化とつきあう

まわりの状況や出来事にかかわらずに起こる「気分の変化」というものが、私たちにはある。「毎年この時期は具合が悪い」という季節的なものや、天候や気候の変化に関連すると思われるもの、

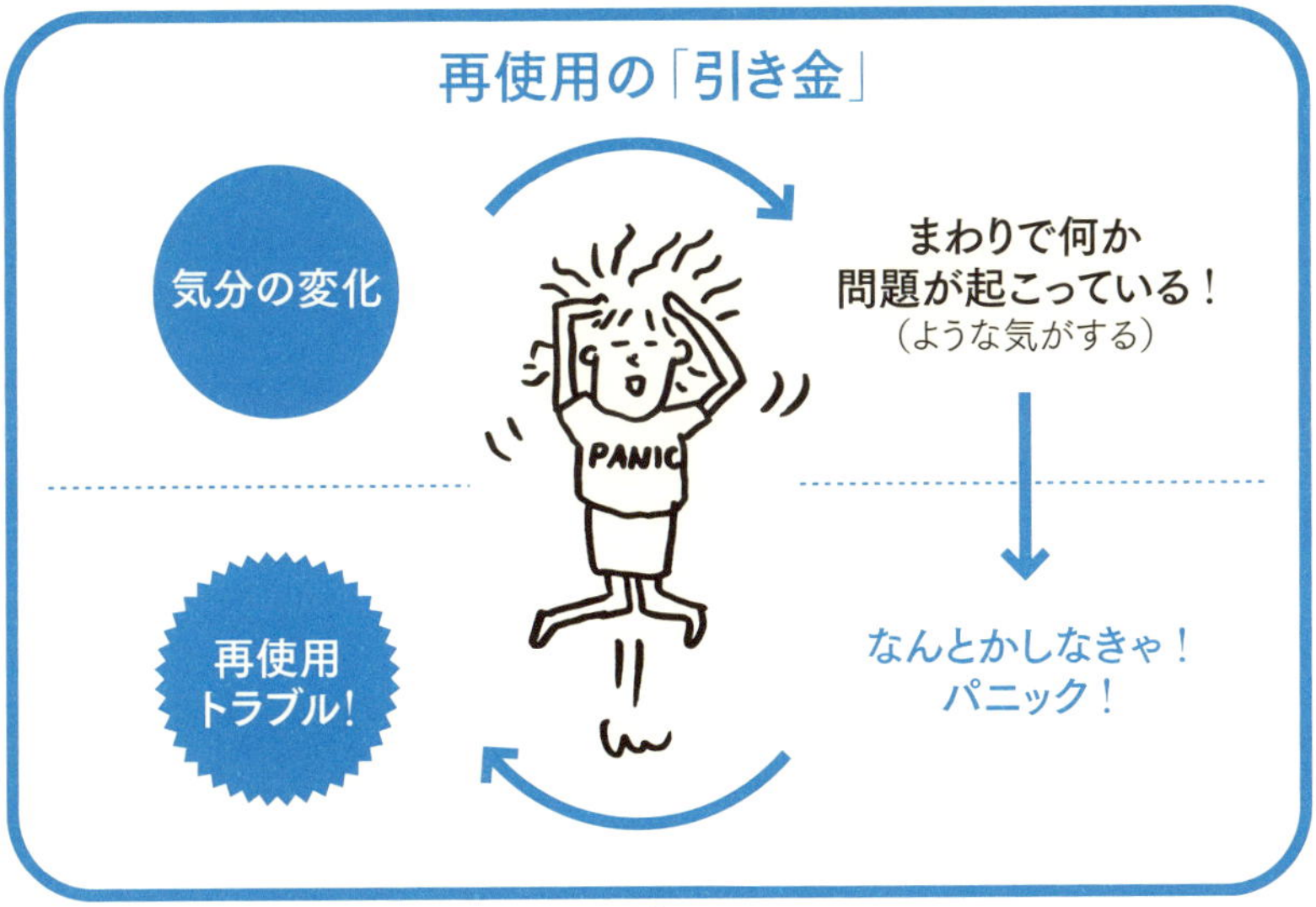
再使用の「引き金」
気分の変化
まわりで何か
問題が起こっている！
（ような気がする）
PANIC
なんとかしなきゃ！
パニック！
再使用
トラブル！

図1

今回取り上げた生理に関連するものなどだ。

この気分の変化がわからないと、何か特別な原因があって具合が悪いのだとしか思えない。たとえば、「ある人に嫌われていていてイヤなことばかり言われる」「仕事、子育てなどが全然うまくいっていない」などと思ってしまう。私たちの言葉で「妄想入る」という状態だ（図1）。

次に、それが解決しないとどうにもならない気がして、そのことばかりをぐるぐる考えてしまう——私たちの言葉で「とらわれる」という状態になる。あげく「すべてこの人のせいだ」「こんなところにいたら自分がダメになる」などと思いつめてパニックになり、煮つまった状況を打開するつもりで、恋人、家族、仲間にケンカを売ったり、わかってもらいたくてリストカットしたり、ついには薬物を使ってしまうなどといった行動につながる。

私たちはハウスのプログラムのなかで、図の点線のところで食い止めることを繰り返し練習する。妄想が入っても「これは生理前の気分の変化だ」と知っていればパニックやトラブルにはつながらずに済むことを、お互いの経験をミーティングで分かち合い、学んでいく。ミーティングで話すことで自分を振り返り、仲間の話を聞くことで自分の状態を客観的に知ることを繰り返す。そうやってみんなの経験として共有していく。

この「生理前の気分の変化」と毎月つきあっていくことで、自分自身とつきあっていく方法、つまりクリーンで安全に生活する方法を学べる機会となるのだから、おトクだと思う。

2 研究の方法

構成

この研究プロジェクトは二〇〇六年三月から開始し、合計八回のミーティングをもった。このミーティングは、**図2**のa、b、cの三つのグループから構成される当事者（プログラムの利用者）たちによって行われた。

全体の中心になったのは、クリーンが二〜三年の四人である（この四人は、ある仲間が言った「生身はつらい」という言葉に共感し、「なまみーず」と名乗っている）。この四人で企画運営を行い、ミーティングの司会、進行、まとめ作業を行った。

このほか、より長くやめているとどうなっていくのか知りたかったので、ハウス卒業生のおねえさま方とも一度ミーティングを行い、経験を分かち合うことにした。

a.　なまみーず　4人
……クリーン 2〜3 年

b.　プログラム利用中の 8 人
……つながってから間もない〜1 年くらい

c.　おねえさま方（ハウス卒業生）7 人
……クリーン 3〜7 年

★月 1 回の「なまみーず」による運営会議

★月 1 回のパラン・ミーティング
（パランとは韓国語で「風」の意味）
→a＋b グループで行う

★おねえさま方事前アンケート
（ハウス卒業生に聞きたいことをまとめてアンケート）
→b＋c でミーティング

★「なまみーず」はこのほかにも、必要に応じ随時集まる
→パラン・ミーティングの反省会、
まとめ作業のための集まり、など

図 2

★参加しやすい & 参加者を選べる曜日と時間
→水曜の午後

★「具合悪くなる」から毎週はダメ！
→隔週に決定

★「パランのおやくそく」（図 4）をつくった

図 3

ミーティングの安全を確保するために

プロジェクトが安全であること

プロジェクトを続けるうえで「なまみーず」がもっとも心を砕いたのは、参加する全員が安全であるように、ということだった。そこでまず、ミーティングの頻度や開催日を**図3**のように決めた。

自分たちはもちろん、特にビギナーがフラッシュバックを起こさないよう、安全なミーティングにするためには何が必要か何度も話し合った。なお、ここでいうフラッシュバックとは、私たちの言葉で「深く話しすぎて具合悪くなる」「掘りすぎる」という状態を指す。

今までハウスのプログラムや自助グループでのミーティングで、どんなときに「掘りすぎた」「深く話しすぎた」と思ったか、どうすればいいと教えられてきたか、つらいテーマのミーティングのあとにはどうすることが役に立ったか。私たち四人はこれらの経験を話し合い、「パランのおやくそく」（**図4**）を作成することにした。

パランのおやくそく

「パランのおやくそく」は、ミーティングを安全に進めるためのマニュアルである。これを必ず全員で読んでから、ミーティングをはじめることにした。

過去のことを話しながらも、「今の気持ち」「今の身体の感じ」に注目することで、安全なミーティングができると私たちは考えている。ミーティングではつい「過去に何があって、ああでこうで……」ということを細かく話したくなってしまうのだが、「そのことを今どう思っているか、どう感じているか」を一言で話せたときのほうが具合が悪くならなかったし、話してすっきりした感じがある。

それでも、ミーティングのなかで気持ちや身体感覚が過去に引き戻されたり、解離して感覚が変になってしまうことはどうしても起こってしまう。そのときに今の身体の感じに注目し、「今どこが痛い」「どこが気持ち悪い」ということを話して分かち合うことで、現在の自分に戻ってくることができる。これをミーティングの最後に必ず行った。

今の身体の感じを表す言葉は、宮本真巳先生の「異和感の対自化」の記録項目（図5）を使用した。

手順

研究方法は、次の二部構成とした（図6）。

（Ⅰ）メンバーが各自で「生理カレンダー」を付ける

（Ⅱ）それをもとにミーティング、ディスカッションで分かち合う

生理カレンダーは、カレンダーにひとことずつ書き込む形式で、❶感情、❷身体感覚、❸妄想・とらわれ、❹見た夢、の四項目について記録をとる。

❶の「感情」と❷の「身体感覚」の記録項目は、前述「異和感の対自化」から引用した。感情や

パランのおやくそく

考えすぎてあとで具合悪くならないために！

★過去の（使っていたころの）話もするが、
過去の話に重点を置かない。

★「……だからこうなった」というふうに説明しなくていい。
「こうなった、こう思った」だけを、
ざっくりと短く話すようにする。

★「言葉にならないけど、なんかイヤだ」と
感じていたとしたら、その感じがとっても大切。
ぜひ、みんなにも分かち合ってください。

★最後に「今どんな気持ち？ 今のからだの感じは？」
という分かち合いをしましょう。
持って帰るのがキツい感じは、ここに置いていきましょう。

図 4

❶感情

怒り、いらだち、不信、疑い、羨望、裏切り、歯がゆさ、無力感、徒労感、むなしさ、不全感、屈辱感、情けなさ、悔しさ、恨み、さびしさ、悲しさ、焦り、不安、おそれ、驚き、当惑、困惑、混乱、自責感、落ち込み……

❷身体感覚

むかつく、胃が痛い、息苦しい、胸苦しい、身体が熱くなる、身体が冷える、頭に血が昇る、血の気が引く、力が抜ける、傷つく、背中がぞくっとする、頬がひんやりする、身体が重くなる、身体が固くなる……

宮本真巳『感性を磨く技法 2「異和感」と援助者アイデンティティ』
日本看護協会出版会（1995 年）の記録項目より引用

図 5

(I)「生理カレンダー」を付ける

生理前後でどう変わるか、生理との関連を経過でとらえる、
ということをしてみる試み。
❶感情❷身体感覚❸妄想・とらわれ❹見た夢について、
毎日カレンダーに記入。
なお、書くことでフラッシュバックすると危険なので
「無理に書かなくていい」
「強制的にならない」を強調した。

(II) ミーティング、ディスカッションで分かち合う

生理周期に関連した心身の変調について現在自覚していること、
生理の不快感や苦痛、嫌悪感、過去の体験などを自由に分かち合う。

図6

身体感覚を簡潔な言葉で表すことは実は非常に難しい。ぴったりした言葉を見つける目安として利用することにした。

❸の「妄想・とらわれ」は、嫌われていると思う、居場所がない気がする、ある人に腹が立つ、いなくなればいい……などがあったら記入する。

❹の「見た夢」は、私たちがときどき見る「薬物を使ってしまう夢」を念頭に置いている。この夢にはとてもびっくりするし、本当に使ってしまう前兆ではないかと思うなど、夢と現実の境目がわからなくなる感じで何日も具合悪く過ごすような経験を皆がもっている。それは生理前の気分の悪さと関係あるのかもしれないと考え、項目に入れてみた。

そして月に一度、パラン・ミーティングでこの生理カレンダーを書いてみてどうだったかを分かち合い、「なまみーず」が補足とまとめを行なった。

3 研究の結果

生理をめぐるサイクルのなかで、私たちが自覚しやすいのは、次の四つのステージ（瞬間）である（図7）。

A 生理中
B 生理が終わってすっきりしている時期
C 生理前に入った！ と感じるとき（これから生理前だ、と気持ちがどんよりする瞬間）
D 生理前の重苦しい時期

比較的調子がいいのは**B**から**C**の、生理が終わってから一週間くらいしかなく、あとの三週間以上を具合悪く過ごしているというのが実感だ。

以下、生理カレンダーを用いた研究の結果についてまとめた。

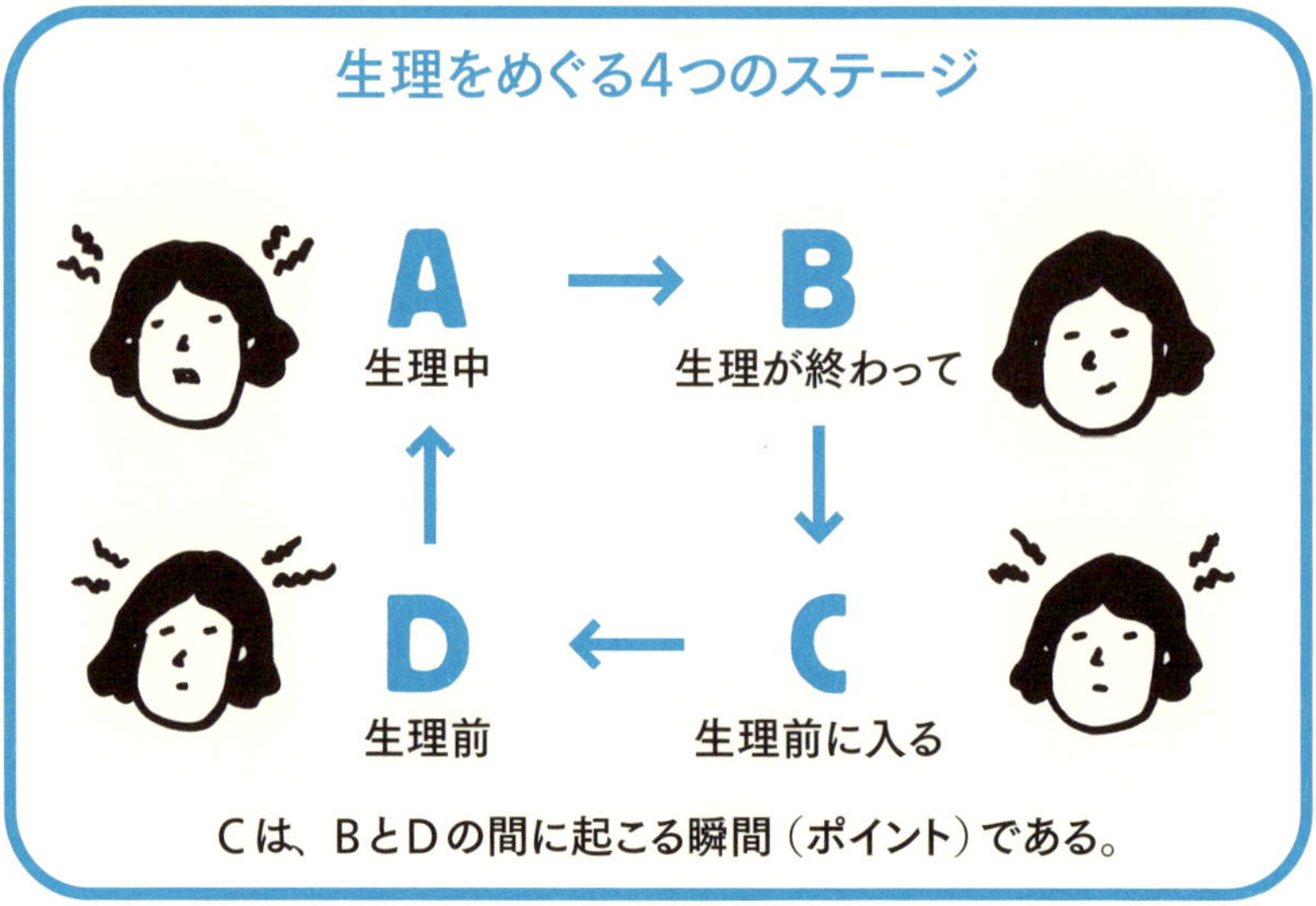

図7

体調の変化

頭痛、腹痛、腰痛、めまい、胃痛、吐き気など、各自が普段ただでさえかかえている症状が、生理前にはますますひどくなる。生理開始とともに解消するものもあるが、生理中にはさらに生理痛や腹痛、下痢、腰痛、頭痛、吐き気などが加わる。痛み以外には、以下のような話があった。

- 朝起きるのがつらいので、バイトに行くのがめんどくさいと感じる。
- 眠い。
- 過敏になって眠れない。
- 服が合ってない、たとえばブラがずれている感じがして、気になって仕方ない。
- 食欲がない、胃がもたれる。
- やたら食べる。

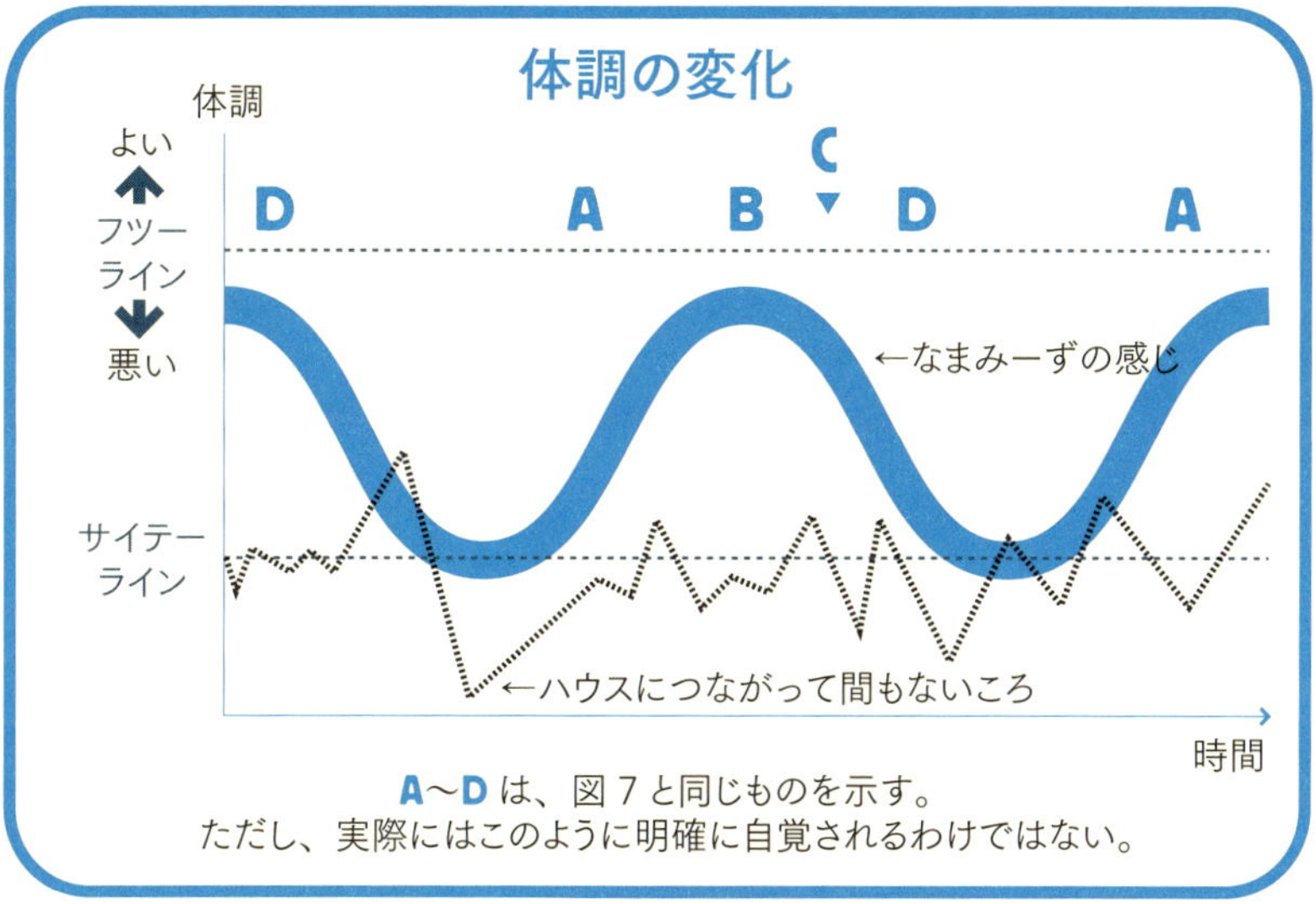

A〜Dは、図7と同じものを示す。
ただし、実際にはこのように明確に自覚されるわけではない。

図8

◆地震じゃないのに揺れているように感じる。

全体を通して、「このへんが普通の人なんじゃないの」と私たちが思っているレベル（たとえば「どこも痛くない」「病院行かなくていい」など）のはるか下で、ちょっとよくなったりひどくなったりしていると感じている。そして、内科・整形外科・皮膚科・耳鼻科・婦人科・歯科など、始終いろんな病院に通わなければならない。

ハウスのプログラムをはじめて最初のころは、いつもサイアクに体調が悪く、サイテーラインも割ってしまう感じだ。このころはまだ「いま生理前だ」と意識することは難しく、「この症状は生理前だからかな？」というふうには体調の変化を実感しにくい。生理期間は明らかにわかるために、生理周期と体調の変化を関連づけて話そうとすると、「生理中は○○が痛い」「生理のたびに風邪をひく」といった表現になるようだった。

以上のような体調の変化について、私たちの実感をグラフにあらわしてみた（図8）。横軸は時間の経過、縦軸は体調のよさ悪さを表す。上の太い色のついた実線がなまみーずの感じであり、下の破線はハウスにつながって間もないころの感じを表してみた。

気持ちの変化

次に、気持ちの変化について述べる。

気持ちの変化にはさまざまあるが、「生理前だから、生理が過ぎれば済むはず」と言い聞かせることで耐え忍んでいるような具合の悪さ、「あとで考えたらあれ生理前だったわ」とあとからすっきりわかるような具合の悪さ、などに焦点を絞ってまとめた。

生理前の、気持ちの変化の代表例

［食欲異常系］

◆ふだんは食べないビッグマックをむしょうに食べたくなると、生理前だなあと思う。

［不安系］（＝何かしていないと、いてもたってもいられない）

◆一か月分のお小遣いを一日で使ってしまった！

◆スッキリしたい。炭酸飲料をやたら飲みたい。

◆「毎月、夜中に衣替えや大掃除してるけど生理前？」と、一緒に入寮している仲間に指摘された。

［わずらわしい／めんどくさい系］

◆電話やメールの返事をしなきゃいけないと思うのに、できない。いっそ携帯を捨ててしまいたいと思った。

［妄想／とらわれ系］

◆妄想入った。人の顔色をうかがって、「私に対して怒ってる？」と勝手に思ってしまった。

［欲求入った！系］

◆リストカットしたことないけど、しちゃうんじゃないか、したい！と妄想した。実際には動く気力もなく妄想に終わった。

［その他、困った！系］

◆幻聴。インターホンの音、電話の音が聞こえた。

◆薬を使ったり、お酒を飲んだりしてしまう夢を見て、「自覚はしていないけれど、本当は使いたいんじゃないか」と不安になった。

◆いつも着ている服なのに、似合っていない感じが突然する。何を着てもみっともなく、みすぼらしくて外に出たくない。

◆不潔恐怖や確認行為など、強迫の症状が出る。

あとで思うと「あれは生理前だった……」

いつも感じていた「あとで思うと、あれは生理前だった」という経験、その経過をカレンダーに記録することができた。

◆ある人にすごく腹が立っていて、いろんな人に相談しまくっていた。ある日なぜか、同じ話をしてるのにあんまり腹が立たなくて、あれ？と思ったらその晩生理がきた。生理前のとらわれだったと実感した。

◆電車に飛び込もうか、首吊ろうか……、とぐるぐる考えていたらその晩に生理がきて、全然死にたくなんてなくなったことに気づいた。

◆「ここにいちゃいけないんじゃないか、居場所がない」という感じをいつももっていると思っていたが、生理前には強くなり、生理がくると消える。

◆母子家庭の一人っ子で、母親のことが急に心配になった。ふだんは「元気にしてるかな」くらいに思っているのに、「母が死んじゃったら、病気になったらどうしよう！」とものすごく不安になり、今すぐ電話しなきゃ！と考えてしまった。

ローリエちゃんのバイオリズム

生理カレンダーや体調の変化のグラフ作成を踏まえて、私たちの体調と気持ちの変化を「バイオリズム」と総称し、**図9**に示した。

なまみーずの実感を色のついた太線で示した。色細線は、「フツーの人はきっとこう」、あるいは「私たちもこうなりたい」「こうならなきゃ社会復帰できない」と思っているレベルを示した。これ

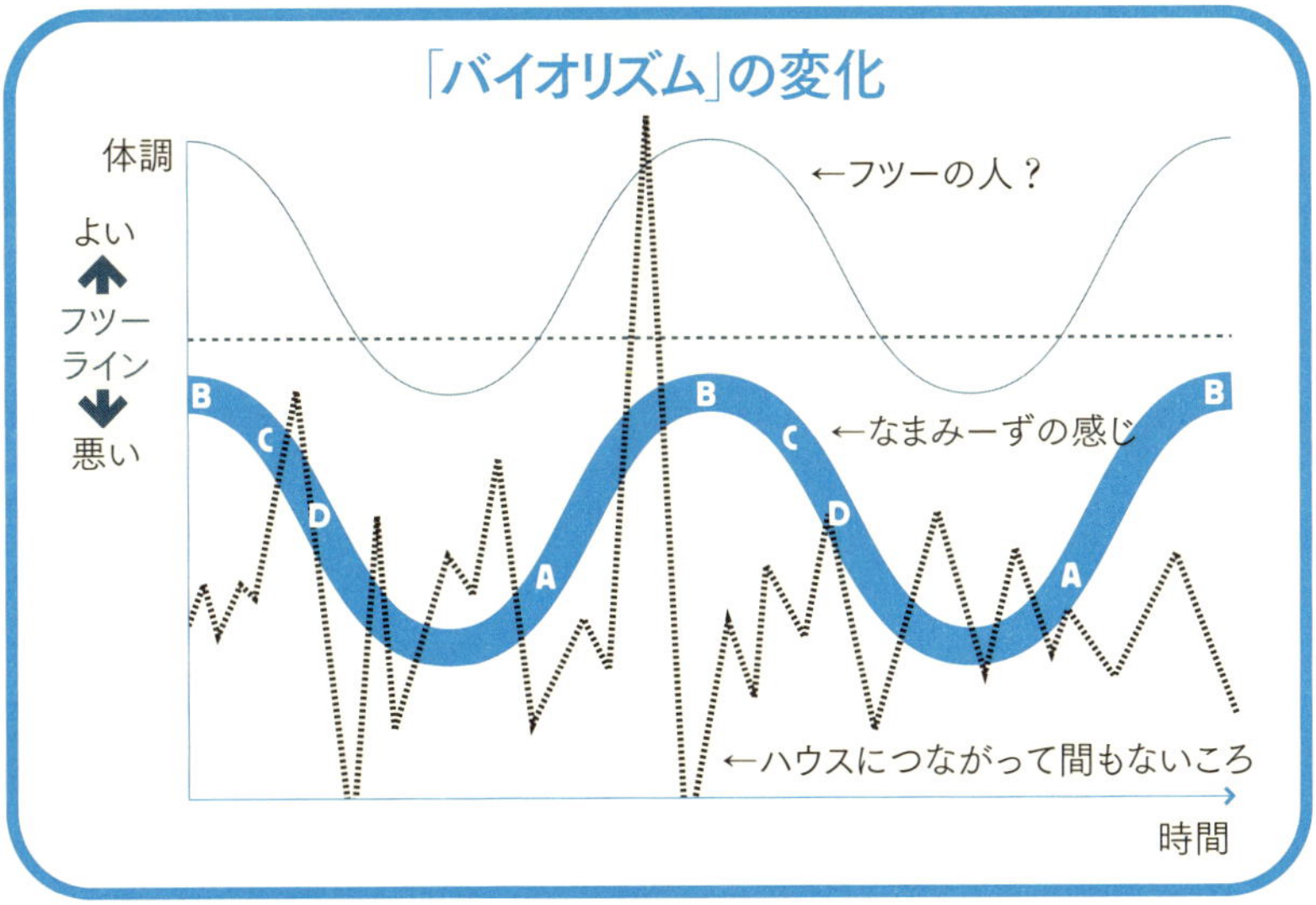

図9

を見ると、心身ともに「フツーはこれくらいなんじゃないか」と思っているレベルよりはるかに低いところで、若干よくなったり、さらに悪くなったりを繰り返していることがわかる。

そしてハウスのプログラムにつながって最初のころの感覚が下の破線である。いつもサイアクのレベルで、ちょっとしたことで、あるいは原因もわからないが、しょっちゅう落ちたりハイになったりする。ガーン！と上がると、ガーン！と落ちるといった具合だ。

4 生理と向き合うことでわかったこと

生理とは関係ないはずだった「大事件」

◆彼とケンカし、マンションから飛び降りた。救急車のなかで生理がきた。
◆家出したら生理がきていて、コンビニで生理用品を買った。
◆入寮中、生理前に「まわりが悪いから私がこんなに具合悪い！」と追いつめられた気持ちになり、リストカットしていた。
◆彼とケンカ。殴ったり傘を地面に叩きつけたり、いつになく大暴れして、帰ったら生理がきていた。

薬を使ったり、暴れたり、飛び降りたり、リストカットしたり……というような大事件を起こした直後に生理がきて、「救急車のなかで生理がきたのを覚えている」「入院先に生理用品を持ってきてもらった」というような話が多く出た。それぞれに事情があるからそうなったのであり、「生理とは関係ない」と思いたかったのだが、どうやら関係あると認めざるをえない。

ハウスでは「妄想やとらわれでグルグルになったら、まず手帳を出して、生理前かどうか確認してみなさい」と繰り返し教えられるが、その重要性を再確認した。

生理や身体への嫌悪感

理由もなく、言葉で説明もできない嫌悪感についての話がたくさんあることに驚いた。それらを「考えたくない／考えないようにしていた系」「生理はイヤだ／恥ずかしい系」「とにかくこのテーマはつらい！系」の三つの傾向にまとめてみた。

こういう気持ちは当たり前だと思っていたし、イヤなことでもあるので、あえて口にすることもなかった。でも話し合ってみると、この嫌悪感や恥ずかしさはものすごく大きいものだった。

「考えたくない／考えないようにしていた系」

- 自分は生理不順だと思っていたが、基礎体温を測ってみたらぴったり二八日周期で驚いた。生理の周期とか、把握したくなかったんだと思う。
- ナプキンの買い置きをすることを考えたくなくて、切らしてから慌てて買っている。
- つきあっている男性に「生理前は変わるよな」とよく言われた。自分ではそんなことないと思っていた。

◆ハウスではスタッフから、生理前かどうか考えるようにたびたび言われる。言われると腹が立った。そんなの自分には関係ないと思っていた。

◆それを理由にするのは負けている感じ、損する感じ。だから言っちゃいけないという感じがする。

◆（生理カレンダーを）いちいち細かく書きたくないと思った。どうせすべて「生理だから」で片付けられてしまうから。

［生理はイヤだ／恥ずかしい系］

◆「生理前？」「いま生理？」とか、男性に言われるのはすごくイヤ！　わからないくせに！（でも理解して、気遣って、いたわってほしい……）。

◆男性も同席するミーティングで、生理前の具合の悪さなどを話すのはイヤ。女性だけのミーティングでしか話せないと思っている。

◆生理中は自分がけがれているような気がする。生理は無駄でもったいない感じ。

◆生理の血はなぜか汚いように感じられて、恥ずかしいと思ってしまう。

このように「男性の前でこういう話はできない」という強い抵抗感、「理由もなく汚い感じがして恥ずかしい」という感覚についての話がたくさん出た。

［とにかくこのテーマはつらい！系］

◆身体の痛みが激しく出る（ミーティング中に腹痛、首や肩がこって痛い、など）。

◆「生理」という言葉自体がイヤで、本当は口にしたくない。

◆身体の話はなぜだか言いにくい、知られたくない。
◆ハウスでは慣れたが、ハウスのこのメンバーでなければ、したくない。

「生理」をテーマに話し合っているだけで、言葉にならない嫌悪感が身体の症状になって出てきてしまったり、なぜだか話すこと、話に参加すること自体がキツい感じが常にあった。

これらのイヤさはいったい何事なのだろうか？　それはどうやら次項につながっていく。

カラダの感じから思い出すこと

生理カレンダーを書くことは、実はとても難しかった。実際にはほとんど書けていないことも多かった。しかし、その「こんなの書けない」という気持ちに気づくこと、それを独りでかかえないことがとても大切だと感じ、ミーティングで分かち合うことを続けた。また、無理に書かないことで自分を守ることができるようになった、とも思った。

きっかけは「もう生理カレンダー書きたくない」と言った仲間の話だった。「どうにもそれは見たくないのだ。わかってるんだからもういいでしょう！」。

書こうとすると、身体の感じや気持ちの感じを直視することになってしまう。「じゃあ、書こうとするとどんな気持ちになる？」という話し合いから、次のような話が出てきた。

◆生理が遅れ、経血がものすごく多かったとき、「流産かもしれない」ととても不安になったことを思い出す。

◆生理痛がひどく、吐いてしまったことを思い出して不安になる。

◆初潮のころの、身体もつらいし、とても不安で心細い感じ。いたわってほしいのに、いたわってくれる人は誰もいなかった。妊娠中もそうだった。生理のたびに、あの感じを思い出す。

◆初潮のとき、父親の暴力のために家族が大変なことになっていた。そのときの寂しかった、悲しかった気持ち、パニックになった感じを思い出す。

◆思春期のころ、家に母親はいなく、父親から暴力をふるわれていた。父親に生理のことを「汚い」と言われ、「頭がおかしい」などと言われつづけた。孤独、悲しい感じを思い出す。

このような話をするなかで、生理前や生理中の身体のだるさや不快感、痛みなどの身体感覚から、実は「生理のたびに昔の感情を生々しく思い出してしまっている」「知らないうちに引き戻されてしまっている」ことに気がついた。気づいてしまったことも、それを話すのも、とてもつらかった。みんながもっていたのは、心細さ、不安、悲しい気持ち、独りぼっちな感じだった。この感じをある仲間は、「もの悲しい感じ」と表現した。女性性をどう肯定していいのかわからないまま、容赦なく毎月やってくるこの感じ。直視しないことで何とか乗り越えてきたのだと感じる。

機能不全への不安

◆覚せい剤をやめてから経血の量が極端に少なくなってしまった。薬の作用で子宮などの機能を何か決定的に痛めてしまったのでは、と不安だ。
◆ドグマチール（抗うつ剤）を処方され、生理が遅れたり止まったりしたとき、とても不安だった。
◆生理不順。早期閉経？　もう子どもが産めないのではないか？　といつも不安。

薬を使ったこと、使っていたときの無茶苦茶な生活、中絶の経験などから、子宮・卵巣の機能が損なわれてしまったのではないかという不安、またその不安から「なぜあんなことをしてしまったのだろう」という自責、といった感覚がある。

この強い不安は、これから子どもを産みたいかどうかとは関係なく、何か理不尽に激しいものであるように思われた。

5 生身はつらい！

当事者研究をすることで、あらためて生理のこと、ハウスでいつも言われてきたことを振り返ることができた。この研究の過程のなかで私たちが大切だと思った点を、以下の四つの項目にまとめた。

四つの気づき

1　再使用を防ぎ、安全に生活するうえで非常に大事

具合が悪いときは手帳を出して前の生理がいつだったか確認してみることで、衝動的に突っ走るのをやめ、相談したり待ったりできるようになった。前はこういうときに薬を使ったり、問題を起こしていたのだと感じる。

また、生理がきてもよくならないならば別の要因を考え、適切に対処できるようになった。これもまた、身体とよりよくつきあっていくことだと思う。

2　「つらい」と言えるようになったのが大切

「痛い」とか「つらい」などと言うと自分が弱くなってしまう気がして、人に言うのは怖かった。言ってはならなかった。だからずっと言い方も知らなかった。けれど、生理の話をきっかけに、生理前や生理中のことを「つらい」と言えるようになった。

それを「人に素直に甘えられている感じがして、うれしい」と表現した仲間の話があった。

3　「この話はとても重くつらいものだ」ということが身にしみてわかった

正直言って、始める前はこんなにつらいとは思っていなかった。いつもハウスでやってるような話だし、やる気まんまんではじめてみたら、もうイヤになった。この話は本当に気をつけなきゃいけないんだなぁ、ということがわかった。

4　なぜ生理の話はこんなにも恥ずかしく、イヤなのか？

なぜみんなが生理の話を恥ずかしいもの、イヤなものと疑いもなく思っていたのか。これが単純に疑問だった。いったいどこまでが「昔のこと」や「誰かから言われたこと」「世間でそうなっていること」で、どこからが本当に今自分が感じていることなのか、まったく区別がつかないでいるようだった。区別をつけ自分の感覚のほうに言葉を探そうとするのだが、うまく見つからなかった。

カラダとつきあう練習をしよう

この研究を通して、「生身で生きる」ということが「シラフで生きる」ということなんだなぁ、とつくづく感じた。

生身はつらい。「生身を生きる私たち」という気持ちを込めて、自分たちのことを「なまみーず」と呼んでいるが、こうして身体とつきあっていくことを身につけたので、訳もわからずパニクったり振り回されている感じが少なくなった。相変わらず身体は痛いし気持ちはつらいけど、少し余裕をもって対処できるようになった。

だから、もう大切な人を巻き込み振り回してゴチャゴチャにしなくていい。自分を大切にできるし、まわりの人を大切にできる、という自信につながっていると感じる。

生理とつきあうことは、カラダとつきあう練習をすることだったようだ。

focus 3

なぜ怒りが出てくるのか？

痛みから悲しみへ

focus-1で、「問題」から「不満」に変わるところで怒りが出てくると言いました。

ここではその理由を考えてみます。

まず、六八頁の図を立体にすると次頁のようになります。

ものすごい問題を起こしているときというのは、体も心も〝痛み〟でどうにもならないときです。「怒濤のような痛み」。これは本当に殴られた痛みでもあるし、胸の痛みでもあるし、とにかくそこらじゅうすべてが痛いという状態です。このときはいてもたってもいられなくて、四六時中、大問題を起こしています。

しかしそんな混乱のなかでも人と出会って信頼感を砂のようにためていくと、怒濤のような痛みの下に「悲しみ」があることに気づいて、その痛みを悲しめるような感じに変わっていくんだろうなと私は思います。

ふつうは、大問題→中問題→小問題と来て、「世界は私を受け入れているか」という一線を行ったり来たりするようになるのに一〇年かかります。みんなはそれを二〇

問題と不満の間に「怒り」が！

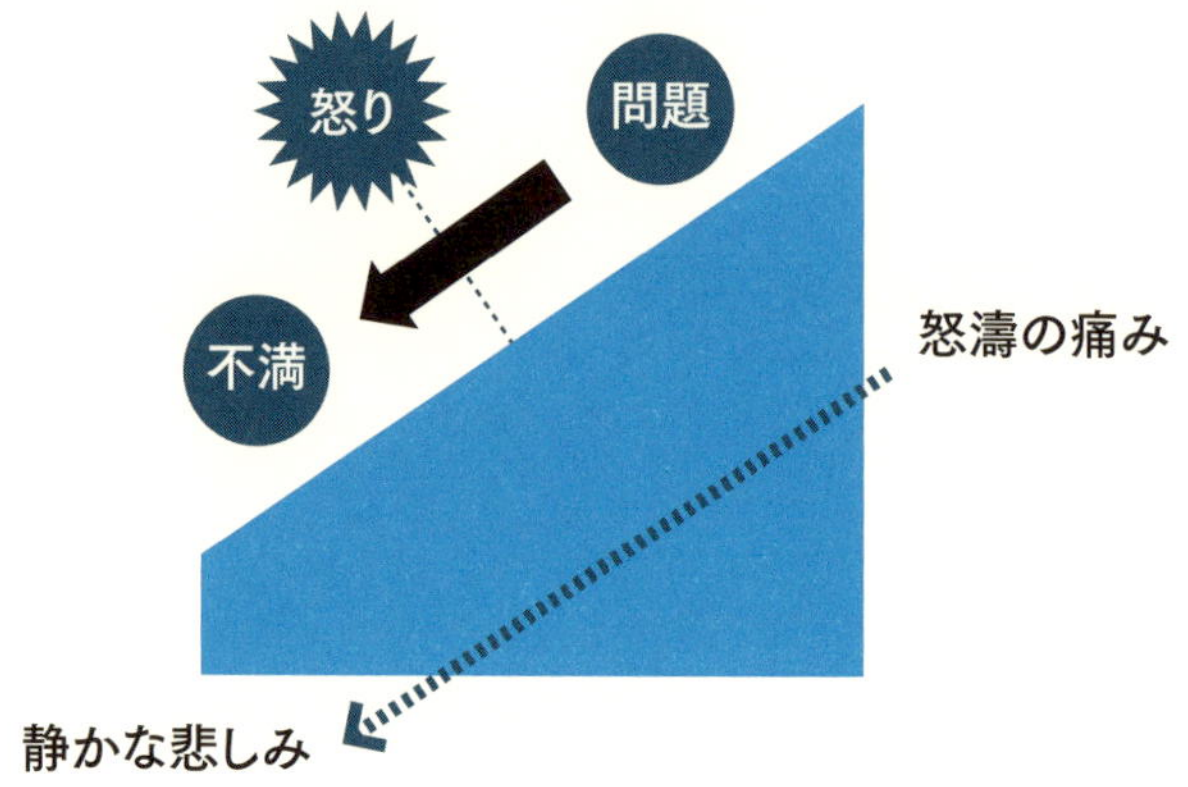

代はじめから三〇代はじめにかけて経験するわけです。

そのあと、痛みが悲しみになるには、さらに短くて一〇年はかかります。痛みというのは、そんなに簡単に悲しみにはならない。

私自身、自分が本当は深い悲しみをかかえていると気づくまでには一〇年かかって、それからさらに一〇年間、泣きに泣いていたのです。それまでは、自分の症状が悲しみに結びついていたなんてわからなかった。中井先生はトラウマをもつ人との会話の場面を「静かに悲しむ」と描写されておられるんですが（『徴候・記憶・外傷』みすず書房）、これはすごくよくわかります。

「平場の関係」は居心地が悪い

では、「問題」から「不満」に変わるところで最初に出てくる感情が、なぜ〝怒り〟なんでしょう。

問題行動をいっぱい起こして、自殺未遂ばっかりやってきた人が、それでもいろいろな人に助けられて少し歩けるようになってくると、だんだんまわりが見えてくる。「自分が全部悪いと思ってきたけれど、どうも自分は大変なところにいたんじゃないのか」ということに気づいてくるわけです。家族の問題とか、両親のＤＶの目撃とか、自分が暴力を受けてきたとか……。それに対して、「なんで私なの？」という〝理不尽さ〟による怒りが根底にあると思います。

そんななかで彼女たちは、自分の心のからっぽさとか、自分がどんなに独りぼっちかというような痛みを感じないように問題に次ぐ問題を毎日のように起こしてきたのですが、少し信頼関係が出てくると問題行動が減ります。それと同時に、なぜかいちばん信頼してる人に対して怒りをぶつけたくなる。

その理由はまず、「静かに話しても気持ちが通じる」という経験が少ないのでしょう。大切にしたい人に気持ちを伝えたいときこそ、攻撃的になってしまうのではないかと思います。

次に、はじめて人と信頼関係ができてくると、「平場の関係」みたいなのは味わったことのない関係だから、居心地が悪いんですね。信じていいのかどうかわからないからすごく不安です。それになんとか耐えているのですが、やがて疲れきって怒ってしまう。ある意味、「この人はとうとう怒っても大丈夫な人になった。安心だ」というので怒りが出てしまうわけです。

こうしたときに、ストーカー行為をしてしまうとか、嫌がらせをしてしまうとか、クレーマーになってしまうといった話が仲間うちではよく出てきます。つまり、大切にしたいはずの人に対して逆に加害的になってしまう。

思春期の子どものケアを長年やってこられた方が、「怒るべきところで怒れると、あとでその子はよくなる」と言っていました。メンバーたちを見ていて思うのですが、みんな抑うつの傾向をもっている。抑うつというのは基本的なところに怒りがあるらしいですが、みんな怒るべきところで怒ってきていないから、底のところで怒りが残っていて、それが抑うつに変わっているのでしょうか。

うずくまってそこにいればいい

よくなってきたのに怒りの感情が出てくるから本人はびっくりして、それを扱いかねて自殺未遂をしてしまったりする。あるいは「人ともつきあえるようになったし、誰かとコーヒーも飲めるようになったんだけど、もうすご〜く怒りたいの」って言ったりする。そういうときに、「今あなたは大不満のところにいて、実はこれが回復な

「大不満」を生き抜くには

何もしなくていいから、人から逃げない
うずくまっている

んだよ」と言ってあげると安心します。「あぁ、私、怒っててもいいのね」って。

それで「このまま逃げなくてもいいの？」って聞くから、「逃げなくていいんだよ、言葉で言っていいよ」と伝えます。信頼関係というもの自体が不安だし、それは味わったことのない気持ちだから、もうどうしていいかわからない。「うれしいやら怒ってるやら」という感じです。

大不満の段階で援助者にとっていちばん大切なのは、ビビらないことです。私はまず「いいねぇ、いい感じだねぇ」と肯定します。「でも苦しいよね。でもさ、ここが回復なんだよね～」と言うと、みんなは「私だけじゃないの？」って言うから、

「そうだよ～。お願いだから自殺未遂なんかしちゃダメだよ」と伝えたりします。

この段階は、本当は回復してきているにもかかわらず、パニック発作を起こしたり、お腹が痛くなったりして、ぜんぜん自由じゃない。だから嫌になってしまうんです。このときは「抑うつか有頂天か」しかありません。中間がないんです。一か月のうち、抑うつが二七日、有頂天が三日。ずーっとうつうつとして暮らしてるのですが、誰かに会ったりショッピングしたりすると、ふわ～っと有頂天になっちゃって危ないことをやって、「疲れた～」と言って、またうつうつしたりする。ちっとも平安じゃない。

ここで当人にとって大切なのは、「何もしなくていいから人から逃げない」ということです。ときどき引きこもりつつ、人（社会）から逃げない。私は「うずくまってそこにいればいい」と教えています。みんな、何かしないとそこにいちゃいけないと思っているんです。何もしなくていいからそこにいる。それはすごくつらいことなんですが。

日常性とは、安心してご飯が食べられて、眠れて、疲れたときには休めて、帰るところがあって、守ってもらえる。もっている人には普通のものです。でも、もっていない人にとっては、それを構築するのも維持するのも、想像を絶する大変なことなのです。

［上岡陽江］

4

「その後の不自由」を生き延びるということ

Kさんの聞き取りから

大嶋栄子

この本のコンセプトを上岡さんと何度も話し合うなかで、当事者は「その後の不自由」をどのように生きているのか、その具体的な姿をインタビューの形でまとめようと決めました。壮絶な過去の披露が目的ではありませんし、過去を乗り越えた人の成功物語を紹介したかったのでもありません。むしろ今回インタビューに答えてくれたKさんは、被害そのものを生き延び、さらに「その後の不自由」をも生き延びながらも、現在も決して不自由さから解放されているわけではありません。

このインタビューでは、Kさんの暮らしについて、具体的に聞いています。不自由さがさまざまに形を変えながら、暮らしの細部にわたってKさんに影響を与えている様子が伝わってくると思います。

大勢の「その後の不自由」を生きる人たちのなかから上岡さんは、Kさんの語りを今この時期に書き留めておく必要を感じたと言います。たぶんどの人にも「言葉にすべき時期」というのがあるように思いますが、長いあいだKさんのことを見てきた上岡さんには、それが今だと感じられたようです。

Kさんは、起こった出来事を、言葉を探しながら一生懸命に話してくれました。インタビューは終始なごやかに、ときおり笑いも出るような雰囲気で進められましたが、実はKさんが語る内容に、なんと返せばいいのか言葉につまることも多くありました。これだけの困難を生きてもなお、人とのつながりを信じようとしているKさんから多くのことを教えられた気がします。そして掲載の承諾をくださったKさんに、心からの感謝を捧げたいと思います。

注

過酷な体験を文字にすることに迷いはありましたが、「自分の話をすることが誰かの役に立つと思うから」というKさんの強い気持ちで実現したのが本稿です。

ただ、読んで具合が悪くなったら、それ以上は無理をしないでください。治療中だったりフラッシュバックが頻発したり自殺未遂が止まらないなど、生活に大きな困難をかかえている人は、読むのがまだ早すぎるかもしれません。特に自分の問題を一人でかかえている人は、精神保健福祉センター、婦人相談センター、保健所、自助グループなど、まずどこかにつながってから読んでみてください。

どんな事件に出会っても、私たちには生き抜く力があります。誰かにつながることによって、それはさらに大きな力になると信じています。

Kさんプロフィール

四一歳女性。八歳のときに母が家出。小二から父方の叔父より性虐待を受ける。一八歳で一度目の結婚、二九歳で二度目の結婚。それぞれの結婚で娘を出産し、上の娘は現在一五歳、下の娘は九歳。

一九歳ごろより不潔恐怖、パニック発作が出現し、医療機関からの処方薬に依存するようになった。三〇歳ごろから覚せい剤を使うようになる。インタビューの三年前からダルクに通所し覚せい剤は止まるが、強迫症状に悩まされる。通所と並行して自助グループに通い、現在は継続してアルバイト中。

──（大嶋）施設に通いはじめたのはいつですか？

Kさん　ちょうど三年前です。

──今どなたと一緒にお暮らしですか？

Kさん　団地に、さびしく一人暮らしです（笑）。

──アルバイトをしているんですよね。

Kさん　週三回から四回してます。お給料もやっともらえるようになりました。二〇年前からシラフで仕事をしたことがないんですね。だから正直うれしかったです。期待してもらってるって感じたり、頼みごとをされるとすごいうれしくてね。ヨシやるぞって。でも不潔恐怖っていう病気があったので、それが再発しないかっていうのが心配でした。

パニック発作を起こしたのは一九か二〇歳くらいのとき。それからだんだん空気を吸うこと、水を飲むことがすごい汚く感じて、口の中に何かを入れることがいやで表にも行けない。それではじめて精神病院に連れて行かれました。

先生が安定剤を何種類も出してくれて、それを飲んだらマスクをしながらスーパーにはなんとか行けるようになりました。必要なものだけ買って走って帰って。帰ってきたらその品物を洗うんですよ。拭けるものは拭いて。肉のパックもきれいに拭いて。で、また手を洗って。

――私がかかわっている人は、ドアノブはオッケーだって言ってました。

Kさん　あ、それ、大きいですよ。私はエレベーターのボタンもだめでしたもん。あとトイレットペーパー。カタンって上にあげるでしょ。あれができなくて。ほとんど拭かなかったです。

――自分で持ってるティッシュとかはだめなの？　ポケットティッシュとか。

Kさん　それはOK。でもポケットティッシュって埃が立つじゃないですか……異常でしょ（笑）。

一八歳で結婚したけどお舅さんとすごく合わなくて、怒られても怒鳴られても「すみませんでした」しか言えない生活が続いて。たぶん最初のパニック発作もそれが原因だったんじゃないかってお医者さんが言ってました。一八で結婚して、二八で離婚しました。ぴったり一〇年だったのですが、そのあいだに娘が一人生まれて、いま一五歳です。

娘が生まれたときは一時期よくなりました。マスクなしでも外を歩けるようになって、すっごい食べられるようになったんですよ。今まで食べられなかったのを取り返すみたいに。

離婚するときに娘の親権でもめたんです。私はどうしても連れて行きたかったんですけど、お舅さん、お姑さん、主人と話せなかったんで家庭裁判所で調停離婚したんです。でも精神障害っていうだけで一発でだめでした。娘とは最初は全然会わせてもらえなかったけど、今は年に一回か二回会っています。あとは手紙だったり電話。でも一年のうち五回あるかないかです。

離婚した後、二九歳のときにSMクラブで働いていたんだけど、そこで二度目の主人と知り合いました。そこのお客さんだったんです。でも三五歳で離婚。私がそのころにはすでに覚せい剤を使っていたのと、あと、彼のDVが理由ですね。

――Kさんが覚せい剤を使いはじめたのはいつからですか？

Kさん　三〇過ぎてから。それまでは処方薬ばっかりでしたね。処方薬をお酒と一緒に飲むとテンション上がるんです。体売ることもできるし、手洗い恐怖もおさまる。ふつうにルンルン表に行くこともできるから。

――そのときの薬って誰からもらうの？

Kさん　内科からです。二週間分くれるのを二日かそれくらいで飲んじゃって。なくしたって言って今度は病院をハシゴするんです。

――なんで三〇歳過ぎて覚せい剤になったんですかね。

Kさん　偶然っていうか。二番目のだんなは暴力があって……殴られたら痛いじゃないですか。でも痛み止めなんて時間が長く続かないでしょ。そのときに、いとこがいいもの持ってるよって。吸ってごらんって。すーっ。「やめて」って言った瞬間ふわぁってなっちゃって……。天国でしたね。こんないいものあったんだって。

――じゃあ、自分が何を使ってるか知らなかったの？

Kさん　なんとなくわかってましたね。ごていねいに何から何までそろえてハイって用意してくれてたから。そのあと注射するようになって。そしたらもう自分で入れたくなっちゃって。ボールペンで血管なぞって書いたりとかしてね。たぶんみんなやったことあると思うんだけど（笑）。なんで不潔恐怖なのに風俗に行けたのかっていうと、全部薬のおかげ。体もしょっちゅう売ってたし……。

私が八歳のときにね、いきなりお母さんが出て行っちゃったのね。そのとき弟がいたんですよ。その弟はまだ生まれたばかりなのに、それを置いて出てっちゃって。そのあいだの一年間、私はずっと小学校も行かないで弟の世話ばっかりしてました。泣くと私も一緒になって泣いててね。そんな生活が一年続いたころに、お母さんがいきなり迎えに来たんです。ところが弟だけ連れて行っちゃったの。そのとき私も一緒に行けると思ってランドセルも全部用意して、あわてて走って行ったんですよね。お父さんが帰ってくる時間帯だったから。すごく急かされたのを覚えてる。で、行ったらお母さんは車に弟だけ乗っけて、おまえは学校があるからだめってバタンと閉めてそのまま行っちゃったの。そのときランドセルを背負ったまま立ち尽くしてた記憶が今でもなんだか残ってて。帰ってきたお父さんになんで止めなかったんだって怒られるし。

そのころから中学校まで毎日おねしょをするようになった。なんでかっていうと、父方のおじさんなんだけど、私がひとりになると様子を見にくることがあって、それが必ず土曜日の夜だったの。前からすごく変に優しいおじさんだったんだけど、怖いくらいにね。お父さんがたまたま帰ってこないってわかったときに、まぁ、レイプをする。ついこないだ、ほら塾の講師が鍵閉めて教室で、女の子を追い回して刺し殺した事件あったでしょ。あんな感じですね。あのとき、自分は刺し殺されなかっただけ幸せだって思いました。逃げようとしたら殴るし、昔こたつって赤い紐があったでしょ。あれで手足縛られて、無理やり。その後から自分が変だった。

——……Kさんがいくつのときですか？

Kさん　八歳くらいですね。

——おじさんはそれまで優しかった？

Kさん　優しすぎるっていうか、やたら手や体を触りたがる。で、もうおじさんがすごい汚い不潔な人だった。土方だったんだけど。私はその汚い人に、すごいことをされたっていう。なんていうかこの、後ろのアナルとかね、もちろん口とかね、無理やりこう縛られてさ、口に突っ込まれて、ゲーゲーなるじゃないですか。ちっちゃいときに私はそれでほんとに殺されると思って、怖くて仕方なかった。

——そのことを誰かにお話しされたのは、施設につながってから？

Kさん　はい。誰にも言えなかったですね。そのときに、昔ほら、割礼とかってあるじゃない。その割礼ごっこをやろうって言われて。私、クリトリスがないのね。カッターで切られて足を押えられて。そのときは気を失いました。

——じゃあその、ひどいことされた後、おじさんは？

Kさん　来てました。お父さんは、「悪いな、いつも子どものこと面倒見てくれて」って言ってたけど。「違うんだよお父さん！」って言いたかった。でも言えなかったです、怖くて。本当に殺されると思ってたし。だって剃刀、四角い剃刀あるじゃないですか。あれで切るんですよクリトリスを。施設に来ても二年話せなかったから。つい最近やっと言葉で話せるようになってきた。性虐待を受けてたって話はできたけど、クリトリスがないとかっていう、そういう話はできなかったですね。これは絶対人には言っちゃいけないことだっていうのはわかってました。当時生理用ナプキンなんて今みたいになかったから、脱脂綿の大きいやつをあてがわれて、またはがれるとき痛いじゃないですか。それをよく思い出します。

薬にハマってからはおかしな動きになって、二番目のだんな、SMクラブ。普通のセックスじゃ感じないんですよ。縛られたりぶたれたり、そうすることで終わった後に「がんばったね、よくやった」って言われるのがすごいうれしくて。そういう感じのセックスしかできなくなってしまいました。あちこちで体を売って、お金をもらえるってことで……もらわないと嫌だったんですよ。セックスしたくなくて。今思えば、お金をもらうことで自分の価値を認めてたんですよね、自分でね。そんなのがずっとありましたね。

——がんばりを認められるというのが重要?

Kさん　そうです。小さいときからほめられたことが全然なくて、(上岡) ハルエさんに初めてここでほめられたとき、熱を出しちゃったんですよ(笑)。母親にはほめられもしなかったけど、ありがとうとかごめんねとか、そういう簡単だけど大事なことを何も言ってもらえなかった。でも特に怒られたこともないんです。いつも私は目に入ってないような感じ。弟ひとりだけ行っちゃったってときのあの景色はまだ覚えてます。また捨てられるんじゃないかっていうのはそれからも何回もありますね。お父さんがちょっと遅かっただけですごいです。置いてきぼりはほんとにキツかった。

——そのおじさんと会わなくてよくなったのはいくつのとき？

Kさん　小学校四年の終わりですね。もう耐えきれなくてそばにあったフォークでおじさんの足を刺しちゃったんですよ。まわりが血だらけで、おじさんが「痛ぇ」て言ってるところにお父さんが帰ってきた。それから今度はお母さんのとこに行ったんだけど、あんまりそのころの記憶が残ってないんです。気がついたらもう六年生で、私は知らない男の人のところでお母さんと一緒に生活してる感じになってた。

思うんだけど、不潔恐怖とか神経症とかってやっぱ性的なものが関係あるのかなって。考えたくないんだけど。

——うーん、今の暮らしのなかではどう？　特にアルバイトではお客さんのお皿を触るでしょ？

Kさん　二回目か三回目で普通にできました。それがすごい楽しくってうれしくって。お金なんかもらえなくたって、来させてもらえるだけでいいと思った。「形になるものがないとやりたくない」とか言う仲間もいるけど。でも私、こんなこともできるようになったんだって。うれしくって遅刻以外は順調でした（笑）。

前ほどではないけど、やっぱり満員電車の密着でわーっと来られたら、そのときにパニックは何回か起こしました。以前は家に帰って靴を脱いだらそのまんま風呂場へ服ごと入っていくんです。かばん持って中も全部洗って。お風呂は三〜四時間。当然眠れないですから遅刻ですよね（笑）。

——眠る時間がなくなっちゃう。

Kさん　ハルエさんに正直に言えばよかったんだけど。正直にそういうこと言ったら、施設にいる子どもとの面会を減らすとか言われるんじゃないかみたいな不安妄想が出てきちゃって、隠してました。

——一五歳になるお嬢さんのほかにもお子さんいらっしゃるの？

Kさん　はい、二度目の結婚のときに生まれた女の子が、いま九歳になります。おかげさまで薬をやめてからは月に一回、あとは行事のあるときに面会できます。外泊をさせてくれるようにもなりました。

——楽しみですね……。少しつらい質問ですが、振り返ってみたときに、性的な被害を受けたことは自分にどんな影響を与えたって思いますか？

Kさん　最初は不潔恐怖っていうか、「埃が怖い」って話すことにも葛藤がありました。そんな話をしたら「何この人？」って離れて行く人がいっぱいいた。でも施設につながってからは「不潔恐怖があるの」って言っても、「あ、そうなんだ」って（笑）。あれ？みたいな感じで。不潔恐怖なんです、埃がいやなんですって話せる場所と出会って、すごく楽に生きれるようになった気がする。症状自体はきついけど。

——眠りはどうですか？

Kさん　疲れてるんだけど、すぐにぱたんと布団に寝るのがいやなんですよね。鍵の戸締りとかも厳しくなっちゃうし。確認とかが止まらなくなるし。でも一回寝ちゃうともう爆睡です。

——食べることは？

Kさん　食べます。見てわかるじゃないですか（笑）。ただ、甘いものしか食べたくないんですよね。バタークリームパンとかチョコレートとかアイスクリームとか、そういうものをすごく食べたくなる。小さいころはあんまり食べられなかった。人前で食べるのがいやだったというか。最近は忙しいから難しいけど、もともとは料理をつくるのはそんなに嫌いじゃない。結婚してたころ、特に最初の結婚のときは全員のぶんの洗濯とごはんとお弁当を全部やってました。あのときは本当によくやったなぁって。自分でもちょっと自慢ですけど。

――すごいね。もうひとつ生活していくうえで、お金の苦労はどうですか？

Kさん　お金の苦労はですね〜、漫画大好きなんですよ。しかも悲惨な漫画ばっかり読むと安心するんですよ。私よりひどい人がいるんだって。いっつもそれ。漫画買っちゃうんですよ。でもきれいに読むと売れるんで、何冊か売ってまた買っちゃう。

――覚せい剤やめて何年でしたっけ。

Kさん　三年ですが、施設につながる前はＤＶ受けていた家から逃げるためにクスリでもどん底になって、腕もでこぼこになって、お金も稼げなくなっちゃうわけですよ。でもやめてからこの三年間の自分の変化っていうのは、あんまりわかんないんですよね。毎日が大変なんだけど、ちょっとしたことが大変なぶん日常のなかでちょっといいことがあるとすごくうれしい。今日は電車に乗ってもパニックを起こさなかったとか、今日は遅刻しなかったとか。

ＯＬさんや会社員の人たちと一緒に駅で電車を待ってる自分が、なんかこう、「あれ？なんか私、普通っぽいね。電車に乗れるようになったじゃん」って。そういうのがうれしいと感じるときに、ああ、もう前には戻りたくないなって。当たり前の生活って簡単ではないってつくづく思えたのと、自分が世界でいちばん不幸だと思ってたけど、よく見たらけっこう不幸じゃなかった。

――フラッシュバックはどうですか？

Kさん　前はしょっちゅうあったんです。後ろを人が通るとゾクッとするんですよ、覆いかぶさられるような感覚があって。おじさんと似たような人を見かけるとビクッとしますね。あとは病院のメッセージ★1に行くのが自分の希望だったのに、イザとなったら不安で、なんか涙が一日中止まんなかったんです。なんでこんなに泣いてるんだろうと思ったときに、不思議にお母さんに会いたくて会いたくて……なんでかわかんない。それはある意味解離じゃないかと言われたんだけど。すごく不思議でしたね。

ほかには疲れたときに頭に来たことがあって、そのときにはすごいパニックを起こしました。最近は減りましたけど一時期食べられない、飲めないだったでしょ。なんかそういう感覚に一瞬戻るような。たとえばちょっと口のまわりに歯磨き粉ついたのを見た瞬間、それが固まって飛んで私の口の中に吸い込まれんじゃないかとか。すごい妄想で、その瞬間スイッチが入っちゃう。顔洗いが始まっちゃいます。

――Kさんの、その苦しい症状が相手に伝わるまでは、なかなか大変だったですね。

Kさん　そうなんです。健康に見えるんです、私。でもほんとは弱いんです。でもね、やっぱり知

★1　メッセージ……まだ苦しんでいる仲間たちに向けて、自分がどのように回復のプログラムを使ってきたか、体験をもとに話すこと。

られたくない部分もあるんですよね。そういう、どっかで自分に起こったことが恥ずかしいし気持ち悪いと思うときがあるのか、みんなの前で疲れたりとかしてても笑わせようとしたりとか、変にがんばっちゃう私がいるんですよ。がんばんないと不安でしょうがなくなっちゃう。

でも一人になったら、ぐて〜っとしてるの。帰ってきて風呂場に直行してたのがウソみたい(笑)。ただ、スポンサー★2には疲れをためすぎないように言われてるんですけど、予定をいっぱいに入れちゃうんですよね。けっこう私、施設をずる休みしちゃうことが多くて。でもそういう休み方しかできないんですよ。たとえばこの日は休みだからゆっくりするんじゃなくて、毎日何かの予定を入れて、いきなりある日、ガーって寝過しちゃって休んじゃうっていう。だからそのへんをこれからは直したいなって思ってます。

――なるほどね。

Kさん　朝は起きた瞬間に、待ち合わせとかしてると「あーヤバイ」っていう感じなんです。でも仲間とお茶飲む場合は、まだいいんじゃないかまだいいんじゃないかって。だからその場面場面によって、無意識に使い分けてる感じで。

――Kさんにとって、一年後の自分はこうなっていたらいいなっていうイメージはありますか?

Kさん　たとえば……?

――もうちょっと眠れるようになっていたいとか、病院に行かなくてもよくなっていたいとか、人ともうちょっとうまくやれるようになりたいって答える人もいます。

Kさん　私はやっぱり……普通に朝起きて、娘がそばにいて、学校遅れるよとかって言って。朝ごはんをつくって、普通に仕事なりミーティングなりに行って、夜は一緒におやすみができて。ほんとに当たり前の日常を普通にやれるようになっていたい。

――それはすごいことですよね。

Kさん　それが一番です。

――最後に聞きたいんですけど。いま困っている女の人たちにかかわっている援助者の人たちに理解してほしいとか、伝えたいことはありますか？

Kさん　ほんとに、ただ聞いてくれるだけでうれしいです。聞いてもらえて、一緒に喜んでくれて、一緒に悲しみを分かち合ってくれる人がいいです。

――一緒にっていうのが大切でしょうかね。

Kさん　そうですね、一緒に。たぶん私たちはさびしがり屋だから共感してもらえるとうれしい。ただ「わかる」って口先だけでは言えるんだけどね。なんていうのかなぁ……。保健師さんと一回もめてね。距離が近くなっちゃったの。なんでも話を聞いてくれて。あっちもアドバイスを返してくれてすごくいい関係だったんだけど、その保健師さんが「私、Kさんにすごくがっかりしたわ。まだ子どもを引き取りたいって焦ってしまうなんて」って言われたときにグサッときたんですよ。逆に恨みになっちゃって。

それでみんなに相談したら、距離が近くなってるからその保健師さんは言わなくていいこと言っ

★2　スポンサー……自助グループのなかで、回復のプログラムを一緒に実践する人。

ちゃったんじゃないのって。確かにそうだったんですよ。ハルエさんにもそう言われて。難しいですよね。あんまりわかったよって言われちゃうと……。わかってるくせに裏切ったとかになりますもんね。ただ聞くだけで、もう、話し相手くらいでいいんじゃないですかね。

――逆にKさんが過剰に期待しなくなったんじゃないんですか、援助者に。

Kさん　あっ、しなくなったかもしれない。「こんなもんだ」くらいな。

――アタリもあればハズレもあるくらいの。

Kさん　前は、ハルエさんが自分の目の前でドアを閉めるだけで落ち込んでましたもん。私が何かしたんだろうって。「おはようございます」って言ったのに返事がなかったり、ただハルエさんは忙しかっただけなのに「私、もうハルエさんとこ行きません」ってスポンサーに電話したりとかしてて。でも「大丈夫、いつもだからそんなの」とか言われて安心する。三年もたってますけどね。私、ハルエさんとのあいだでも言えてなかったことで、今日初めて話したことがけっこうあるんです。普通に聞いてくれてますよね？ 違和感なしに、偏見もなしに。ただ聞いてもらえると話し終わってすごく楽です。そういうことを希望します、うまく言えないけど。「助けて」って言うのってすごく勇気がいるから。ほんとに「助けて」って言うのは必死の状態だから、本人は。そのサインだけはわかっていてほしいです。気づいてください。尋常じゃないんですっていうサイン、もう赤なんですってサインは気づいてほしい。……すみません、なんかうまく言えなくて。

――……今日はありがとうございました。

focus 4

「普通の生活」を手助けしてほしい

一緒に何かをやるという経験

人との関係といえばニコイチ（三二頁）しか知らなかったような人が、医療者のような応援団をどうすれば信頼することができるでしょう。また応援団としては、どうやって「私はあなたにとって安全な存在だ」と示すことができるでしょう。

一〇代の後半や二〇代の前半で死を考えている人に、「死ぬな」と言ってもそれは無理です。信じられない。同じように「薬をやめろ」とか「ダルクを信じろ」と言っても無理です。では、そういうときに何ができるのか。

まず、「身体の手当てをする」という方法があります（四〇頁）。

もう一つ方法があって、「普通の生活をすることをサポートする」ことです。これはぜひお願いしたい。トラウマが重い人ほど、「普通の生活」を送るのに非常に苦労していることがわかってきたからです。みんな普通に暮らしたことがないんです。たとえば大人が一緒に何かをやってくれたという経験が乏しいので、日常生活の術をほとんど知らない。

普通の生活をサポートするといっても、具体的にはどんなことなのか。たとえばお誕生会をやってほしい。ひな祭りをやってほしい。お正月を祝ってほしい。その人が独立して住んでいるのだとしたら、掃除のやり方を教えてあげてほしい。ご飯を一緒につくってほしい。

このごろダルク女性ハウスでは、一緒に豚汁をつくったり、リンゴジャムをつくったりしています。やっぱりみんな喜びますよ。

援助をする人は、手首を切っているような人を目の前にすると、腫れ物に触るようになります。そして、心を痛めつつ「自分には何もできない」と思うか、「自分勝手な人だ」と腹を立てるか、そのどちらかになってしまうことが多いと思います。だから援助する側にとっても、「手首を切っている人に対しても何か具体的にできることがある」というのは大切なのではないかと思うのです。

話しても何も変わらないようなことを二時間かけて聞くのではなくて、たとえば一緒に買物に出かけて「これは栄養あるんだよ」と教えてあげるとか、コンビニ弁当でもビタミンをバランスよくとる方法を伝授してあげるとか。それからお母さんがいなかった人だと生理のことを教わっていなかったりするので、ナプキンをどう使うかとか、生理前症候群のときはどうしたらいいとか、生理で具合が悪くて動けなくても牛乳だけは飲んだほうがいいとか……、そういうことを教えてほしいのです。

「普通」を抽象物から、具体的な物にする

手首を切っているような人には、日常がないのです。「普通」というのは彼女たちにとって抽象的なものでしかないから、「実際の普通はこういうものだよ」といって、普通を具体化していってほしい。

だから料理や掃除などが大事なんです。手首を切っていてもいいから、一緒に掃除をしようとか、朝ご飯を一緒に準備して食べようとか、〝一緒に〟何かをする。それを優先したほうがいい。

先日、ある女性の一時保護施設入寮の目的を話し合い、次の三つにしました。第一は冷蔵庫を掃除する。第二はコンビニの弁当で生き延びる。第三は、生理とつきあう方法を生理の症状が重いスタッフが教える。これだけです。彼女はPTSDの症状の真っ只なかにいて手首を切るのが止まらず、薬物を使って無断外泊するような状態でした。でも入寮中にいろんなことがあったとしても、それでよしとしようと決めたのです。

また、生活を送っていくなかで、「普通の人たち」の姿もちゃんと見てもらったほうがいいと思っています。どんな人だって生活するうえでは何かと不自由さをかかえて生きているのですが、自分の大変さに集中してしまっている彼女たちからは見えないんですよね。だから、どんな人だって煩悩と苦悩にまみれつつ何とかしのいで一日

ずつを過ごしているんだよ、ということを見てもらう。

生活を楽しめないと留まれないから

アルコール依存症の施設を運営しているご夫婦や、新しく女性の施設をつくろうとしている知り合いと話をしていたら、みんなが依存症からの回復のためには「生活」に着目したほうがいいと考えていることを知って、これは偶然ではないなと思いました。

これまでは毎日自助グループに行くとか、依存症について勉強することに力を入れてきたのですが、どうもその人自身が生活を楽しめるようにならないと、薬を長くやめつづけることはできないなと気づいたのです。「生活を楽しむことは大きい」「失いたくないものができないとダメだ」と、施設運営者たちがそろって言いはじめた。

クリニックに通って医師と話すだけで依存症が治る人もいますし、カウンセリングに行くだけでやめられる人もいます。あるいはマックやダルクのような自助的施設へ通ってやめていく人もいます。けれども女性で脱落していってしまうタイプの人には、もう少しみんなで「生活を豊かにする」ことを考えることが必要じゃないかと思うのです。

お風呂に入ったら気持ちがいいとか、髪の毛を洗ったらすっきりするとか、みんなで一緒にご飯を食べると楽しくておいしいとか、そういった〝快〟を体感してほしい。

実は、メンバーにとってそういう幸せは、うしろめたかったり居心地が悪かったりして、いたたまれない状態でもあるのです。しかし、それをみんなで「居心地悪いねぇ」と言いながらガマンする。そして「自分に優しくすると安全だ」ということに徐々に慣れてもらう。

私は、治療の場においても「断酒、断薬」を中心におかないで、いかに生活の技術を上げるかに着目していくほうがよいのではないかという気がしています。薬やアルコールや摂食障害などが止まっても、どのように生活していけばいいのかがわからないと途方に暮れてしまいます。

私は若い摂食障害のメンバーには「こっそりよくなりなさい」と言うんです。家族や病院にバレないようにねと。早く症状がよくなっても、生活の楽しみ方がわからなければ、ただ地獄なだけですから。実はみんな病気になる前から途方にくれていたんですから。

施設に滞在すべき期間は、日常生活を教えるのに必要な時間という意味で、二週間から一か月ぐらいでしょう。それ以上長くいるものではありません。夜寝るのが怖いから、悪夢を見るから、夜寝る習慣がないから、といった理由で夜に出歩く人が多いのですが、そういった人たちには、朝は洋服に着替える、夜はパジャマに着替える、といった習慣や雰囲気づくりも必要でしょう。

回復ってそんなに簡単なものじゃないけれど

暴力を受けた年齢が早くて重いほど、依存症状が軽くなっても睡眠障害や気分障害が軽減しません。回復というと、元気になるとか、動けるようになるとか、何かが変化するかのようにイメージされることが多いのですが、それは違います。今のままのエネルギーレベルのままで、強迫の方向性が少し変わるくらいでしょう。向けているエネルギーの方向性が変わって、少し自分をケアできるようになることで生きていける。問題は解決していないけれど、とりあえず生き延びている、という感じです。

トラウマと折り合いがつくと、人が怖くなったりして、かえって動けなくなります。電車には乗れなくて、せいぜい自転車で暮せる範囲でしょうか。

おそらく破壊活動はおさまらないでしょうし、ときには不法薬物で捕まることもあるでしょう。しかし私は、刑務所に行くことが一概に悪いことだとは思いません。それも含めて、生き延びる方法なのだと思うのです。刑務所でとりあえず生き延び、そこで生活の基本を教えてもらったりしてもいい。

そんな迷走状態が必要なときがあるんです。でもそうした体験が何だったのかを言語化できるのは三〇歳近くでしょうね。そしてこのときが、実は依存症のプログラムに乗る目安になります。

［上岡陽江］

5

生き延びるための10のキーワード

大嶋栄子

1

身体に埋め込まれた記憶

突然ひらく「どこでもドア」

過去に起こった出来事が、突然いま現在の自分の身に降りかかっている感覚に襲われることをフラッシュバックといいます。J・L・ハーマンはPTSD（心的外傷後ストレス障害）の三大症状として「侵入」という言葉で次のように紹介しています[1]。

危険が過ぎて長時間がたっても、外傷をこうむった人はその事件を何度も再体験する。それはあたかも事件が現在くり返し回帰してくるかのようである。彼らは人生の正常な軌道に戻ることができない。外傷がくり返しそれを遮るからである。まるで時間が外傷の瞬間に停止したようである。外傷をこうむった瞬間は異常な記憶形態の中にコードされ、何の誘因がなくても意識に現れる。覚醒時にフラッシュバックとして現れることもあり、睡眠中に外傷性悪夢となって現れることもある。一寸した、どうみてもさほどの意味があるように思えない痕跡が外傷時の記憶を呼び覚ますことがあり、それもしばしばもとの事件そっくりの生々しさと感情的迫力を以て戻ってくる。

本人がその出来事を五感を通じて、いわば「身体全体で記憶」しているために、音や匂い、場所の映像など、その出来事を想起させるあらゆるものが、フラッシュバックのトリガー（Trigger）＝引き金となり得ます。

みなさんは、ドラえもんの「どこでもドア」をご存知ですか。そのドアを開けることによって、自分の好きな時空間への移動が可能になるのですが、フラッシュバックとは、まさに「どこでもドア」が自分の目の前で突然開く感じに似ています。

本人は、その出来事を長いあいだ記憶の奥底に沈めてきたものですから（そうしなければとても生き延びてはこられませんでした）、自分の意思と関係なく勝手に〝そのとき〟に引き戻されることに驚き、それに伴う苦痛に打ちのめされます。なにより本人は生々しく〝そのとき〟をふたたび体験してしまうものですから、自分でその状態から抜け出して〝いま、ここ〟へ戻ってくるのも、実は簡単ではないのです。

アクセルを踏みっぱなしのような感覚

フラッシュバックが起こっているときの本人は、まわりにいる人にはどんなふうに見えるのでしょうか。

表情が変わったり、おびえた様子になるなどの変化に気づくことがあるかもしれません。あるいはその場で立ち止まったり、身体が固まったようになるし、声をかけても上の空なので「変だな」と思うことがあるかもしれません。なかには自分に起こっていることがフラッシュバックであると知らないため、まわりには必死で平静を装っている人がいるかもしれません。

フラッシュバックによって襲ってくる緊張感や恐怖、屈辱感などからなんとか現在の自分に戻ってくることができても、今度は身体を緊張や恐怖からほどいていくのにとても時間がかかってしまいます。そしてなにより疲れてしまい、ぐったりとして何もする気が起きなかったり、横になっているので精いっぱいという人が少なくありません。

上岡さんは最近自分が体験したフラッシュバックを、「アクセルを踏みっぱなし」「映画のフィルムが早送りで流れっぱなし」のようだったと言います。横になると足が突っ張ったようになり、こむら返りが起こったそうです。

こうした状態を鎮めるのに、上岡さんの場合には漢方薬を使いました。ゆっくりと足下が緩んで暖かさを感じるようになり、身体の感覚が変わったそうです。すると身体のこわばりがほどけて、フィルムの流れとは逆の力が働き、フィルムが止まったというのです。

上岡さんの場合にはアルコールや薬が止まってずいぶん時間が経ってからのフラッシュバックでしたし、自分に何が起こってるかをわかっている、必要な助けを求めることができるなど、乗り切っていく条件が整っていました。それでも、その後はしばらく休養することが必要でした。

「自分のやっていることがフラッシュバックのトリガーになりえると承知してはいたものの、あなどれないよ」と上岡さんは言います。

ブロッコリーを持って泣く

私がつきあっているIさんは、生活の至るところにフラッシュバックのトリガーがあって苦労が絶えません。Iさん自身の言葉を借りると、「あちこちに地雷が埋め込まれていて、うっかり踏んでしまうのが恐ろしくて身動きがとれなくなる」のだそうです。

Iさんが妹さんとふたりで家を出て一年半ほど経ったある日のことです。

カフェでプレ就労に入ったIさんと一緒に働くメンバーから、私に電話が入りました。Iさんがランチの食材で使うブロッコリーを持ったまま泣いているので、様子を見にきてほしいというのです。行ってみると、たしかにIさんは小刻みに震えながらブロッコリーを持って泣いていました。その日の勤務を外して、少し別の部屋で休んでもらうことにしました。

フラッシュバックが起こると、先ほど述べたように「どこでもドア」で勝手に〝その出来事〟が起こった場所へ連れて行かれるため、自分に何が起こってるかを説明する余裕がありません。まさに五感を伴ってやってくるので、とたんに言葉を失ってしまうのです。

Ｉさんからそのときに何が起こっていたかを教えてもらったのは、数日後でした。

Ｉさんは、警察が介入するようなひどい出来事の翌日にわずかな荷物を持って妹と二人で家を出たのですが、その日の朝にブロッコリーを茹でていたことを急に思い出したそうです。家を出るしかないと思いつめた気持ちと、自分たちがいなくなったときに母親がどうなってしまうのかという不安と罪悪感、でもこれ以上は無理だという怒りのようなもの、全部の気持ちがブロッコリーと一緒にあふれ出してしまったというのです。

その話を聞きながら、私は納得したことがありました。その出来事の少し前に、近くのスーパーでＩさんを見かけたときのことです。野菜売り場でなすびの袋を手にして、じーっと見入っているＩさんがいます。品定めをしているふうではありません。遠目にもなすびを睨みつけているのがわかります。「どうしたのかな」と思いながら、約三〇分ほどしてまた近くを通りかかると、Ｉさんはまだなすびの袋を持って睨みつけていました。またあるときには、冷凍食品の袋を持って泣いているＩさんを見かけたこともあります。

それらがフラッシュバックのトリガーなのだろうことは想像できましたが、そのときはそのままにしておいたのでした。

薬をやめても苦しい理由

トリガーがわかってくると、それらをうまく避けて生活できることもありますが、Iさんのようにそうもいかない場合もあります。そうなってくると、フラッシュバックのたびに「これはいま起こっていることではない」と自分に言い聞かせながら、まずは〝いま、ここ〟に戻ってくる練習を積み重ねる必要があります。ある人は携帯電話を開き、今日の日付を確認すると言いました。そうすることで、自分が今は傷つけられたその場所にはいないことを確認し、助けを求められる人の顔を思い浮かべるのだそうです。

またある人は「言葉」を使います。その人は、反抗して泣き出した我が子を抱きしめてなだめているとき、こんなふうに誰かに守ってもらったことがない「ひとりで泣いていた自分」が突然見えて、驚きと悲しさにどうしようもなくなったと言います。

そんなときに、自分に起こったことをそのままにせず誰かに聞いてもらうことができれば、子どもに対して一瞬でも抱いた怒りや嫉妬の感情は、かつての自分が受けられなかったという〝痛み〟に向けられたものであると整理することができます。驚きと悲しさはすぐに消えなくても言葉にすることで、フラッシュバックのつらさからふたたびアルコールや薬へ戻ってしまうリスクを避けることができます。

アルコールや薬で「感じなく」させていたこれらの記憶は、残念ながら身体に深く埋め込まれ、酔いという麻痺から醒めるなかで蘇ります。ですからせっかくアルコールや薬から離れてクリーンでいるのに、今度はフラッシュバックに苦しめられる。

「使っていても、やめていても苦しい」と彼らが言うのには、こんな事情があるのです。

「自傷」という名の自己治療

もうひとつ、付け加えておきたいこととして「自傷」があります。

リストカットだけでなく、爪を立てて皮膚をひっかく、極端な爪噛み、壁に頭をぶつけるなどの行為は、うつ状態や無感覚状態から逃れるために痛みによって心を刺激する手段にもなるし、不安や動揺をやわらげる手段にもなるとV・J・ターナーは述べています。その意味では、アルコールや薬と同じように自己治療として「自傷を使っている」のだというのです。ですからターナーは、自傷をアディクションとして考えるといいのではないかと提唱しています。[2]

アルコールや薬への依存がある人のなかには、自傷が止められない人も多く見られます。それらの手段によって現実に起こっていることを「感じなく」させる効果もありますが、フラッシュバックとの兼ね合いでは、再演の生々しさを自傷の痛みに「すり替える」効果もあるようです。まさに「毒をもって毒を制す」といった本人なりの苦肉の策といえます。

自傷もまた自己治療だとすれば、まわりの人がやめなさいと制止して効果があるものではありません。「リストカットした際に流れる血を見て、自分が生きているのを確認できた」と話す人を前に、

「そんなことはやめなさい」という言葉の空疎な感じは否めません。ですからそれが自傷であったにせよ、やはり本人にとってどのような意味をもつのかを、援助者はじっくり聞き取っていかなくてはならないでしょう。

そのようにして、フラッシュバックの重たさや深さ、そして痛みすら手なずけてしまう哀しみの大きさ、それぞれをじっくりふるいにかけながら、彼女たちがとりあえず着地（＝間違って命を落とすよりはいくぶんマシという程度の解決）できそうな場所を一緒に探すのです。

1　J・L・ハーマン 1999（中井久夫訳、小西聖子解説）『心的外傷と回復』みすず書房、五二頁。
2　V・J・ターナー 2009（小国綾子訳、松本俊彦監修）『自傷からの回復――隠された傷と向き合うとき』みすず書房、三一―三四頁。

メンテナンス疲れ 2

「おいてけぼりの身体」に気づく

アルコールや薬が止まる。それだけでも大変なことです。自分を助けるために使ったものが逆に生活を壊していくようになっても、その事実を無視して使いつづけている人が多いのですから。

これはＤＶなど暴力のある場所から離れるときも同じかもしれません。はじめは寂しさを埋めてくれていた関係であったものが次第に苦しくなっていく。でもその人から離れたら自分ひとりでどうしたらいいのかわからないと思い込んでいる——。いずれにしても、生き延びていくのにどうしても必要に思えるものを手放すというのは怖いことですし、手放すところにたどり着くだけでもすごいことです。

ところで、生き延びることだけで精いっぱいだったために、身体はこの間ずっと無視されてきました。熱があっても、傷口が手当てされなくても、「それどころではない、もっと大変なこと」のおかげで、痛みをあまり感じることなく過ぎます。また、アルコールや薬の酔いとは便利なもので、こうした痛みをぼんやりとさせてくれます。

けれどその酔いがもう使えません。アルコールや薬を使って痛みを逃す自由を捨てて、代わりにそれ以外の自由を手に入れることを選んだのです。たしかに使っていたときのように、とんでもないトラブルに巻き込まれることや家族を悲しませる出来事はなくなりました。でも、残ったのは深い抑うつ感と、思うようにならない身体です。

アルコールや薬、あるいは暴力的な関係から離れて少し時間が経つと、自分の身体をはじめて感じるようになります。生理が戻ってきたり、歯が欠けているから思うように噛めないことに気づいたり、頭痛に悩まされたり、ときには身に覚えのないやけどの跡に驚くことだってあります。

今までは「ないこと」になっていた私のからだ。実はこんなに傷んでいたんだね……。

ですからやめた後には、痛めつけてきた自分の身体をメンテナンスする作業が欠かせません。しかしそれは慣れないし、非常に疲れるし、それ以前に納得がいかない。「私ばっかりどうしてこんなにつらいんだろう」という腹立ちの気分に襲われることもしばしばです。

身体の不具合を言葉にしてみる

四〇歳を超えると、少しずつ身体のあちこちが金属疲労よろしく傷んできます。体力が落ちるし、ちょっとした動作に息切れしたりで不具合だらけになります。アラフォー世代が久しぶりに会っておしゃべりするときに、開口一番「最近調子どう？」という話題でひとしきり盛り上がります。このときの〝調子〟とはいろいろな意味ですが、身体の話題が多くなっていく。病気になった友人の話や、婦人科系のがんが見つかった等々。またはまわりの友人たちが急にスポーツジムへ行きはじめたなど、身体のメンテナンスをめぐる話が日常的となり、それには違和感がありません。

でも二〇代の若い人たちにとって身体のメンテナンスという話題は非日常。なのに現実の自分は、アルコールや薬が止まって身体の存在を感じるようになり、いちいち痛みに驚きおののき、その都度のちょっとした身体の変化にびびってしまいます。

それまでの人生では、自分の身体のどこかを「痛い」と感じて、まわりの大人に話しても相手にされなかったり逆に落ち度を責められたりした。だから、痛みがあっても感じないようにしてきたし、やり過ごしてきた。ずっと我慢してきたので、どのくらいの痛みなら「痛い」と言っていいのかわからない。それに、身体が年齢とともに変化していくものだなんて知らなかった——。

したがって、以前のように我慢したり感じないようにするのではなく、四〇代の人と同じように、身体をメンテナンスしながらの生活が必要になります。これまで無視してきた身体は、しらふになると一斉にいろいろな症状や痛みを表出しますが、いちいち自分に起こっているそれらのことをまず言葉にしなくてはいけません。そうでなければ、その症状や痛みをどうしたらいいか、どのような手当てが役に立つのか、誰も教えてくれないからです。

女性の場合には生理があることで、自分の身体を月ごとに感じます。ですが体重の著しい低下や薬の乱用、それ以外にも心に強い負荷がかかったりすると生理が来なかったり、あるいは止まっていた生理が突然来たりすることもあります。そしてこの生理と一緒に、痛みだけでなく強い不安やおそれなども一緒にやってくる人が多い。いつも何かトラブルが起こるとき、しばらくして生理がきたという共通した体験をもつ人たちによって生まれたのが第3章の「生理のあるカラダとつきあう術」(一一五頁)です。このように、自分の身体とこころがどのように関連しているのかを自分自身でつかんでおくのは、生活をしていくうえでたいへん大事な事柄です。

また、ほかにも身体はいろいろな不具合を起こします。ぜんそくや膀胱炎、膠原病に椎間板ヘルニア、甲状腺に腎臓病など、私たちの身体は自分に起こった出来事、自分のなかにある緊張や不安をまるごと引き受けているのです。むしろ身体が病気になる、症状を出すという形であらわれるのは悪いことではありません。そうしたときに、それを「気のせいでしょ」ではなくて、きちんと手当てされる、ケアされるという体験がとても重要になります。

安易に精神症状に結びつけないこと

上岡さんは長いあいだぜんそくとつきあってきていますが、あるとき頻尿がつらくて痛みもあったそうです。病院へ行って検査をしましたが、どこも悪くはない。上岡さんは当時のことを「緊張がすごく高くて、身体をこわしているので冷えにも悩まされていた」と振り返っています。

ぜんそくの主治医に相談したところ、先生は「デリケートな部分だから、あなたが痛かったら痛いでしょ」とおっしゃったそうです。そんなふうに受け止めてもらうと、自分が痛いと感じたことを否定しなくてよくなります。上岡さんはその後も大変ではあったけれど、身体を温めるとか、鍼《はり》に行くなどしたそうです。

援助者は、精神科の既往があると患者さんの訴えをすぐさま精神症状と結びつけてしまう傾向がないでしょうか。本人の訴えをまずは受け取って、それがどのようなサインなのかを考えてみる必要があります。症状には薬を処方してもらうのがいいこともありますが、意外に部屋を暖かくしたり、痛む箇所の下に柔らかいものを当てるなどしながら、過不足なく声をかけることだけでしのげることも多いものです。

また、ひとりで過ごすより、煩わしいようだけれども人の声がする場所で静かに横になると、自分が声を出せば誰かが応答してくれます。どうにも症状がつらくて、いよいよ病院へ駆け込もうというときにも、誰かが傍らにいてくれるだけで心強いものなのです。このささやかな〝安心〟こそ、実は身体の痛みをいちばん和らげてくれるものなのかもしれません。

援助者は「焦りの時間」を支えてほしい

このように身体について考えてみると、アルコールや薬が止まったからといって、すぐに同年代の人と同じように動いたりできないことが多いのも当然です。しかし彼女たちは、何か目標というかゴールのようなものがないと生きづらい。現状維持でいいとか、何もしなくても居るだけでいいというのは、若い人であればあるほど受け入れづらいようです。

自分が酔っぱらってひどい生活になっていたころと比べて、ずいぶん暮らしが落ち着いてきました。すると、ただ暮らすだけでいいとは思えずに、人のために何かをするとか、人の役に立ちたいという気持ちが徐々に高まります。

ところが身体は不具合が多く、少し動いても疲れたり、生理の前になると精神的に不安定となることが多い。何かをはじめたいけれど、メンテナンスの必要な身体をかかえているために、調子を崩したらそれ以上悪くしないための休息が不可欠。ですから、能力や気力があっても前に進めず、現状維持をぐっとこらえて受け入れていく必要があります。このころが、まわりが想像する以上に彼女たちにとっては苦しい時期です。

私は実践のかたわら女性嗜癖者の回復過程について研究しています。一般的に回復とは――男性もそうですが――仕事に就いて経済的自立を果たすことを最終的なゴールとするといった考えが主流のようです。また女性ですと、家庭内の役割（妻であるとか母であるとか）に復帰するという目標もありました。こうした具体的な到達目標があるのは、ある意味でわかりやすいし本人にとって励みになることも事実です。

アルコールや薬が止まって間もないころは、止まったうれしさと早くこれまでのことを挽回したいという気持ちから、エネルギーも高く動き回るのですが、しばらくすると動けなくなる人が多いようです。このときに、先述したつらさや納得のいかない感じに襲われるのです。さあこれから具体的な目標に向かってがんばるぞ、と思っていたのに身体が動かない。「どうしてこんなふうになっちゃうの」という感じでしょうか。無理もありません。

むしろ目標を設定せず、時間をかけて自分の身体と出会い、メンテナンスを続ける生活を受け入れていくことが重要だと本人に伝えましょう。これは口で言うほどたやすくないことは重々承知しています。だからこそ、この時間を見守り支えることが援助者の役割であるように思います。

遊ぶ

3

「楽しい」がわからない

何から書き出そうか。しばし言葉が見つかりません。「遊ぶ」というテーマで何を伝えるのかと考えると難しいものです。一言でいうなら、みんなは「遊ぶ」とか「楽しい」とかが〝わからない〟と言います。

小さいころ、家族でどこかへ出かけた記憶があっても、それは怒鳴り声と言い争う声が伴うものだったり、酔った父親の機嫌に翻弄される緊張感におおわれたものだったりします。だからそれを「遊ぶ」という言葉に置き換えるのが難しい。今でも出かけた後に戻ってきて、誰かに「楽しかった？」と聞かれると困るという人がいます。怖くなかったし怒鳴り声もなかったけれど、それが「楽しい」のかはわからないというのです。

施設での暮らしは、毎日決まったプログラムに参加して帰り、そのまま夜の自助グループへ出かけるといったように単調なものです。朝に起きてごはんを食べ、同じ人と会い、自分のことを話したり考えたり……。気分を変えるさまざまなアディクションにのめり込んでいたときには、考えもつかないような生活です。

のんびりとしているようですが、新しく相談にきた人をちらりと眺めながらおしゃべりしたり、洋服のバーゲンで盛り上がる雰囲気のなかでも実は緊張しているメンバーが多いのです。あたりさわりのない会話というのが難しいからです。

何をどこまでなら、どんなふうに話すと「いい感じ」なのかがピンときません。施設はだれも自分に怒鳴ったり強制したりはしないけれど、かといって施設で会う人は〝ともだち〟とも〝かぞく〟とも違う不思議な関係の人たちです。

自分がだけが楽しんでいいのか……？

海水浴やキャンプ、ひなまつりにちらしずしをつくって食べるといったささやかな楽しみの時間を、私たちは「思い出づくり」と呼んでいます。

本来であれば身近な人とそうした時間を持てるとよいのですが、特に季節の行事は苦痛な記憶でしかないという人がいます。あるいはそうした経験をほとんどしないままで成長したという人も少なくありません。人生の早い時期に「大人になる」ことを要求されてきた人は、ただ単純に楽しむことがわかりません。むしろまわりの人が楽しいと感じているかが気になるようです。

みんなで「思い出づくり」をしようとすると、自分だけが楽しんでいいのかと罪悪感にかられる人が出てきます。家族が生き延びることだけで精いっぱいだった日々を過ごし、自分が家族から離れて暮らしている場合には、自分だけが楽しむのは罪だという感覚に苛まれるのです。あるいは、一緒に出かけたり行事に参加する人たち「全員にとって」その催しがよいものでなければいけないといった強い思いがあります。

だからどこへ出かけるか、どの行事をやるかなどがなかなか決まりませんし、あれは怖い、これはできないなど、「だめなものが多過ぎる」のでまとまらないのです。誰がどう感じるかはその人のことで、自分は自分なりにその外出や出来事を体験することができると本当に気楽なのですが、これが難しいのですね。

それでだいたいはスタッフが何をやろう、どこへ行こうと決めることになります。スタッフが決めることで、仮に気に入らないことやトラブルが生じてもその責任をスタッフが引き受けますから、メンバーは余計な不安から解放されて動くことができるわけです。

スタッフは何人かに聞きながら「思い出づくり」のプランをあれこれ考えます。そのときに気をつけているのは、あまり事前に計画を発表しないことです。イベントに合わせて自分の調子を整えることが、意外に大変だとメンバーから聞くことが多いからです（かといって直前でも彼女たちは「急過ぎる！」と怒るのですが）。

〝先読み不安〟とでもいうのでしょうか。まだ起こっていないことをあれこれ予測し、最悪のシナリオを頭のなかに描いてはシミュレーションしているうちに、すっかり「思い出づくり」どころでなくなってしまいます。そして、あんなに楽しみにしていたイベントの直前に具合が悪いとキャンセルしてしまう。すると行けなかった自分が腹立たしいし、楽しそうに出かけたみんなのことは羨ましいし……。どうにもならないとわかっていても、思わずそこらにあるものを蹴飛ばしたい気分になったり、八つ当たりしたりでさんざんです。

そのときの自分のままで参加し、しんどくなったら帰る。このシンプルなことを、施設に通うメンバーたちは長い時間をかけて自分のものにしていくのです。

「ただ遊ぶ」経験を積み重ねる

回復途上の男性がお給料をもらうようになると、なぜか車やオーディオなどに多額のお金をつぎ込むのを見かけます。もらっているお金にずいぶん不釣り合いなくらい高価なものです。よく考えると誰かと楽しむための道具というより、自分ひとりで満足するためのもの。そこには人とつながっている感じが希薄です。何を所有しているかによって得られる満足感は、私には「ただ遊ぶ」という体験の乏しさの裏返しのように思えてなりません。

先日、二〇〇七年に劇場公開された映画『めがね』をＤＶＤで観ました。主人公は携帯のつながらないところへ行きたいというだけで、南の島へやってきます。そして、宿の主人に「どこか観光できるところは？」と聞くのです。すると主人は驚いた顔で「そんなところはありませんよ」と答える場面があります。携帯電話もつながらないところに〝観光〟は似つかわしくありませんよね。その後主人公は何もせず、ただひたすら海をながめ、食事をし、編み物をしながら「黄昏《たそが》れる」のです。

私はこの黄昏れ方に、「そのときの自分のままでいる」のと同じものを感じました。楽しまなくてはいけないわけでも、道具がそろっていなければならないわけでも、あるいはどこかへ出かけなくてはいけないわけでもない。何も起こらない時間、食事がおいしいとか、海がきれいだとか、ただそれで十分です。楽でハイになって気分を引き上げ、自分で自分を楽しいと思い込ませなくては一時《いっとき》だっていられなかったときとは違います。

そんなふうに流れる時間のなかで、人と一緒に笑い、ごはんを食べる。あるときはひとりで少し人と離れて、でも人の気配を感じながらなんとなくいる。こうした経験の積み重ねで、〝楽しい〟はわかってくるのです。

何もしないけど遊べることがわかってくると、「思い出づくり」のイベントは誰かを楽しませるためのものというより、自分のなかで起こっている変化を〝楽しい〟と名付けるためのものなんだなあと思うのです。

時間の軸

4

いつもはじめて

毎年一〇月を過ぎると、今年が残りわずかなことに気づいて慌てる感じになりませんか。来年の手帳やカレンダーなどを見るたびに、おかしいなと思います。誰にとっても同じように一〇か月が過ぎているはずなのですが、自分にはどうしても一〇か月もの時間が過ぎたようには感じられません。

たび重なる暴力のなかを生き延びてきた人たちと話をしていると、毎日がこんな感じなんだと教えられます。私たち援助者が何気なく昨年のその人とのあいだで交わされた会話や、一緒に行った場所のこと、あるいは交わされた会話の内容について触れたときに、とっても不思議な顔をするからです。

「？」という顔は「えっなに？ 何のこと」と言っています。あたかもこちらの記憶が何かの勘違いではないか、と思わされるほどです。けれどこちらの記憶は確かです。それぐらい印象深い出来事だったのですから。でも彼女にはまったくその記憶がありません。

あるときこんな経験もしました。数年にわたって定期的に話を聞いている人がいるのですが、毎回〝はじめて〟といった感じでいろいろなエピソードを話してくれます。私が「ああそうだったわね、たしか二か月くらい前にもその話をしてくれたものね」と言うと変な顔をして、「このことを話すのははじめてのはず」と言います。彼女から実は何度も同じ話を聞いているのですが、彼女は全然そのことを覚えていません。

話を聞きつづけることで次第に気持ちを吐露する準備を本人がしてくれる、という体験を援助者はします。そして私たちはしばしばそうしたものを「信頼」と呼んだりします。目には見えないけれど、「この人はきっとこの次も今日と同じように自分の話に耳を傾けてくれるだろう」といった漠然とした安心とでもいったらいいでしょうか。

ところが、彼女にはそうしたものが生まれている感じがありません。いつだってまわりをうかがうような目つきで、次に私をじっと見つめ、あたかもはじめてのように同じ話をするのです。おそらく彼女には前回の面接と今日の面接が「つながって」いないのでしょう。これまで聞いてきた時間というものが「積み重なって」はいないのでしょう。

解離という対処法

私たちは何か困ったことにぶつかったとき、過去に同じような体験がなかったかどうかの記憶をたどります。それが見つかれば、状況に合わせて前と同じ対応をしたり、一部を変えたりします。彼女だって以前に同じようなトラブルに巻き込まれたはずですが、そのときの経験はどこへ消えたのでしょう。経験がつながらず積み重なっていないから、彼女は毎回同じようなトラブルを前に、あたかもはじめてのように困惑し、そのたびにこちらに助けを求めてくるのです。

家族のなかで境界をしじゅう侵害されて、自分を守る立場の人から理不尽な被害を受けると、「信頼」というものがわからなくなります。いつも「今日、このとき」が勝負のような感覚です。そして一回一回がはじめて体験するような緊張に包まれます。

特に人間関係は毎日が予測のつかないことの連続です。今日は「おはよう」と返事を返してくれたけど、明日が同じとは限らない。相手の印象に少しでも変化を感じると、とたんに不安にかられて、そうなると今度は自分がその人から遠いところにいるような感覚に自分を向かわせるのだそうです。つまりは解離を起こしてその人と自分の距離を離し、自分に起こった不安の感情を鈍らせるのです。

傷つけられた記憶は、その後に体験する二次被害によって更新されるといわれます。怒られる、罵倒されることには親和性があるので、これまでと急に相手の態度が変わっても「やっぱりね」と見切りをつければいいのです。そして一瞬一瞬、次の関係に集中します。

Tさんの五年間

時間の軸については、この数年上岡さんともずいぶん話し合ってきました。私にとってこのテーマは一人のクライエントとの援助関係を振り返る大切なきっかけとなっています。

今年、長いあいだ自宅に引きこもった状態のTさんから連絡が入りました。施設を出て五年が経過していますが、通院と買い物のほかには外出せずほとんど家で過ごす生活が続いています。会話をするのは主治医と、すぐ近くに暮らす母、妹、そして姪の三人だけです。私とは年に一度くらい近況を知らせてくれたり、ときどき通っているクリニックで見かけたりする程度のおつきあいでした。そのTさんが、最近フラッシュバックに襲われることが続き、話を聞いてほしいというのです。

Tさんは施設にいたあいだもフラッシュバックがひどく、このときTさんが切り抜けるために使ったのは、処方薬、自傷、ギャンブル、そして過食でした。処方薬はエスカレートする自傷行為を止める役割も果たしましたが、すぐに効かなくなって増量するので、経過観察のため入院が必要になりました。自傷する部位がどんどん増えるとともに、腕のように見えるところから太ももの内側といった見えないところへと移りました。

また、お金を下ろしに行ってそのまま一か月分の生活費をパチンコで使ってしまうことが何度も繰り返されました。そして施設を出る一年ほど前から、Tさんは寝ている以外の時間は何かを食べていないと落ち着かないような状態でした。急激な体重の増加が見られ、糖尿病の傾向が出はじめたのですが、そのまま退所となりました。

Tさんはそれまで、自分に起こった被害体験と嗜癖問題について施設のプログラムのなかで話をすることを続けてきましたが、退所を機にそれを中断しました。クリニックのカウンセラーと主治医に話をする形に限定し、先述のような生活になったのです。

前はただしゃべっていた

私はこの五年という時間が、Tさんにとってどのように流れていたのかずっと気になっていました。施設を離れる少し前から、自室に引きこもったTさんの生活を受け入れつつ、同時に私は「このままでは何かが大きく変化することがない」という思いで彼女を見ていました。それは、流れていく現実の時間に逆らうかのようにその時点に留まりつづけるTさんへの少しの共感と、大きな落胆の入り交じった感覚だったように思います。

特に施設を離れてからは、糖尿病と診断され、そちらの治療も並行して行うことになり身体のことが心配でした。自傷は止まりましたが、今度は病気が結果として彼女の健康を脅かすという皮肉な結果です。ときおり言葉を交わすときにTさんは食事コントロールが大変だとグチをこぼすのですが、そのときでさえどこか切迫感がないように思われました。

そのTさんと今は定期的に会い、話を聞いています。フラッシュバックは相変わらずで、布団をかぶって号泣したりすることもしばしばですが、以前とは何かが違います。パチンコでお金を使い果たすことも変わりません。でも前のTさんではないのです。前は「ただしゃべっていた」と言います。先日、Tさんがこんなことを教えてくれました。

「最近になって自分に起こっていた被害が、いかにひどいものだったかわかる。そういうと変だけど、口ではひどいって言いながら、どこかひどい目にあってる自分が自分でなかったから」

ある日Tさんは自分のような体験をした人のサイトを見つけ、片っ端から書き込みを読んだといいます。そしてつくづく自分の体験の過酷さを実感したのだそうです。

ケアの痕跡

私は面接でTさんに、施設に入所していた時期のほとんどを解離していたため覚えていないと聞かされ驚きました。実は入所中にふたたび被害にあってしまうという体験をしたのですが、そのときのこともピンときていませんでした。

ところが面接を再開して間もなく、Tさんは入所中の被害をフラッシュバックによってありありと思い出しました。どのように相手から脅かされ、口止めされたのか、記憶は強烈な恐怖とともによみがえったのです。出来事から何年も経過し、それを被害と認識したときにはじめてTさんは、その出来事を〝体験〟したのでした。

さて、糖尿病の治療中でもあるＴさんには、体調のバランスを確認する意味で食事日記をつけてもらいました。前回の面接でそれをふたりでながめながら気づいたことがあります。

Ｔさんは自分で食事をつくるようになっていますが、その内容がどこか施設で食べていたものに似ているのです。Ｔさんに聞くと、どんなふうに自分が施設で過ごしていたのか断片的にしか覚えていない。だけど、つくってもらった食事、なかでも自分が好きだったメニューのことははっきりと覚えているというのです。Ｔさんの毎日の食事にはそのときの名残を見つけることができます。

Ｔさんの五年間がどのように流れていたのか。またＴさんとはじめて出会った一〇年前から今までどんな時間が流れていたのか。あらためて二人で確認しながら、今、このときを過ごしています。

5

〃はずれ者〃として生きる

被害者であり加害者である

ある日突然、自分が暴力の被害にあう。そんな想像をしながら生きるという人は少ないと思います。また、自分が大切にしたい人を傷つけてしまう加害者になることを想像しながら生きる人も、同じように少ないだろうと思います。

私も上岡さんも、これまで暴力の被害を受けた人たちの援助をしてきました。けれど、同じ数だけの加害者と呼ばれる人とも会ってきました。上岡さんは依存症の問題をかかえる仲間として、私はアルコールや薬物依存症の専門病棟で働くソーシャルワーカーとして、彼らの話に耳を傾けてきました。

不思議に聞こえるかもしれませんが、暴力に関していうと、「被害者は加害者意識に満ちていて、加害者は被害者意識に満ちている」ことがあります。[1]被害者は「自分が相手に暴力をふるわせるようなことをしたのではないか」という罪悪感をもち、加害者は「むしろ自分こそが被害者だ」という思いを抱いているのです。さらに〝意識〟だけの問題ではなく、実際に被害者が加害者であること、加害者が被害者であることもあります。

上岡さんは、重い暴力、激しい暴力にさらされた人ほど被害体験だけでなく加害体験をもっていると言います。家のなかで、自分よりもっと弱い立場にある兄弟に暴力をふるうことがありますし、極度に張りつめたような緊張の連続が生活のなかで続いて、「いつ刺してやろうか」といった秘められた攻撃性が、同時に加害者に対してひっそりと向けられるというのです。ですから〝健全な市民〟から「暴力反対！」と言われると、彼らは自分のなかの加害者性を含めて、自分自身を否定しなくてはいけなくなります。

どのような理由があるにせよ、いかなる暴力も許されるものではありません。ましてやその暴力によって本当に長いあいだ被害者が苦しみ、健康を害されていく様子には強い憤りを覚えます。ところがその一方で、自身も暴力の被害を生き延びながら、結果として同じ関係を加害者として繰り返している人に会うと、私は引き裂かれる感じに襲われます。「暴力反対！」というフレーズやスローガンにうなずきつつ、同時にそこからは〝はずれてしまう〟人たちのことを思うからです。

このように考えると、被害と加害は対極にあるものというより、ちょうど細い二本の糸が縒《よ》り合わさって一本の糸のように「分ちがたく結びついている」という表現がしっくりくるのです。[2]

ぎりぎりの落ち着きどころ

それでは、こうしたいわば被害と加害の「境界に生きる」人たちにとって、どのような生活を〝回復〟として思い描くことができるでしょうか。

性暴力の被害を背景に薬物使用へとのめり込んでいた二〇代の女性が勾留を解かれた後で、一まわり以上年上の男性と同棲を始める——こんな危うさぐらいが、「ちょうどいい落ち着きどころ」だと上岡さんは言います。そのぎりぎりさに、その人たちの居場所があるのだというのです。

ダルクのスタッフたちが講演に呼ばれて行くときに、なぜか「髪は切ったのに金髪」とか「スーツなのにあちこちじゃらじゃらとアクセサリーをつけている」みたいな姿をするのも、実はどこかが〝はずれて〟いないと収まりが悪いからだと言います。

薬物を使うような反社会的な世界でなんとか生き延びてきた人たちが、その薬物の使用をやめて社会生活に表面的な適応をし、自分のはずれてしまった部分を隠そうとする。あるいは昔の記憶を消そうとする。そのときが再使用の危機だと上岡さんは言います。生き延びるためには非行化することが必要だったし、反社会的といわれるようなぎりぎりの行動化によってでなければ、生きていくことができなかったからです。

被害者援助は、加害行為とのおつきあい

私は上岡さんのこの言葉を聞いて、自分へのどうしようもない嫌悪感と他者への絶望的な不信感のなかで生きてきた人をサポートしたときの、私自身がかかえた緊迫感をきのうのことのように思い出しました。

毎日が一触即発といった、どこで大きな怒りの爆発が起こるかわからないような感覚は、まるでジェットコースターに乗っている感じでした。彼女が追いつめられたときに起こす攻撃が具体的な他者に向けられたときに、反社会的な行動となることが予測されました。

なんとかそれを回避しなければいけない。誰かを傷つけることで、彼女自身がふたたび深く傷つくことを回避しなければならない。そう考えると、毎日彼女を見守る私たちスタッフがいつの間にか緊迫感でいっぱいになり、それがまた彼女に伝わって緊張させるという悪循環が生まれました。彼女もぎりぎりですが、施設全体の責任をもつ私もぎりぎりでした。及び腰になりながら、でもとにかく彼女と向き合うしかない必死の半年でした。

その後、ある出来事をきっかけに彼女のサポートは終了しました。この半年間、私たちはほとんど無力な存在でした。彼女が生き延びるためにやってきたことのなかには、オーケーを出せないものがあるし、たぶん彼女にも、それはわかっているのではないかと思います。

それでも私は、彼女が生きていてくれたことに心の底から感謝したい気持ちです。被害体験をも

つ人の支援は、こうした「加害行為とのおつきあい」でもあることは、もっと援助者に理解される必要があるように思います。

上岡さんも以前は、「回復が進んでいけば社会生活への適応が可能になる」と考えていた時期があったと言います。ところが、適応しようとする人ほど逆に危機を体験し、結果として薬物の再使用に至る人を何人も見てきたことで、考えが変わったと言うのです。だから金髪でじゃらじゃらと〝はずれたまま〟で、教育委員会と薬物防止教育の件で協議するくらいが安全だといいます。

はずれ者として生きることは、薬物を手放した後で生き延びるために必須の方法ともいえるのです。

1　信田さよ子 2008『加害者は変われるか?』筑摩書房、一〇八・一五六頁。
2　森茂起「被害と加害は二本のより糸」北海道新聞二〇〇六年七月一九日夕刊。

人間関係のテロリスト

6

自爆テロ！試し行為！

〝テロリズム〟をウィキペディアで検索すると、「恐怖心を引き起こすことにより特定の政治的目的を達成しようとする組織的暴力の行使、およびそれを容認する主義のこと」とありました。二〇〇一年九月一一日に起きたアメリカ同時多発テロは、まさにこの言葉で説明される、記憶に新しい出来事です。

テロを実行するのがテロリストですが、宮地尚子氏は、「まわりから「客観的」にみれば虐殺者、加害者とみなされる人たちもみな、自分たちこそ被害者だと思っているということ、「切迫した恐怖と焦燥に駆られ」てやむなく攻撃に転じるということ、それは考えてみれば、かなりありふれた現象と言えるだろう」と述べています。[1] そして具体例として、アメリカにおける白人女性を脅かすという名目で行われる黒人男性へのリンチや、関東大震災の後に流された朝鮮人暴動説による殺戮などがあげられています。宮地氏は、こうした行為の背景には加害者の〝恐怖〟があるとし、この恐怖自身を丹念に掘り下げることが、テロという行為の抑止に可能性を拓くことになるのではないかと結んでいます。

上岡さんも私も、被害体験を生き延びた人たちを支援するなかで、「切迫した恐怖と焦燥にかられてやむなく攻撃に転じる」人と出会うことがあります。不謹慎だとお叱りを受けるかもしれませんが、私たちはそういう行為を繰り返す人を「人間関係のテロリスト」と呼んでいます。

また、彼らはときどき人が集まってなごやかに談笑する場面でマイナスの感情に支配され、その場をぶち壊すような発言をします。そんな現象を「自爆テロ」といいます。その場をぶち壊すことには成功しましたが、彼ら自身もその場に受け入れられるチャンスを失ってしまったからです。

彼らはいつも関係を壊そうとするエネルギーに満ちています。あるいは長く続けてきた関係を突然切ろうとします。心からそれを望んではいないことが言葉ではなく伝わるのですが、次々とまわりとトラブルを起こすし攻撃性を向けるので次第にまわりから人がいなくなるし、援助者もそんな彼らから距離を置こうとするのです。するとますます人間関係のテロリストたちはいきり立ちます。そして、自分たちに関心を向けてくれる人たちや手助けをしようとする人たちがようやく現れたのに、そこへ一気に「試し行為」のテロ攻撃を集中的に行います。

まさに自分にとって大事な人がまた去ってしまうのではないか、また見捨てられるのではないかという恐怖と、いつそうなるのかわからない焦りに駆られてやむなく自分から関係を壊す行為、それが人間関係のテロ行為です。

巻き込まれずに共感せよ?

ところで援助者は繰り返し「共感はするが、巻き込まれない」ことが専門職にとって必須だと教えられます。常に一定の距離でクライエントと対峙し、自分の感情をモニタリングするよう言われます。私自身もそのように教育されましたし、二十数年前、精神科臨床で仕事を始めたときには、クライエントに巻き込まれて援助関係が見えなくなることはたいへん恥ずかしいことだという雰囲気が強くありました。

こうした状況を反映してか、このところ援助者がクライエントに巻き込まれて翻弄される場面を見かけることが減りました。というよりそれ以前に、「巻き込まれるような関係性を見かけなくなった」と言ったほうがいいかもしれません。

しかしアルコール依存症をはじめとする嗜癖問題は、症状としてまわりの人たちを巻き込む特徴があります。そんななかで一定の距離を置いたのでは、問題の核心に触れることができません。クライエントに共感すれば先述したようにテロの標的にされて傷つくかもしれませんが、自己決定を尊重して巻き込まれないようにすれば、クライエントが死んでしまうこともあるのです。「共感はするが、巻き込まれない」援助では、何もできないのです。

ところがこの当たり前のことが学校で使われるテキストの多くには書いていないし、誰も大きな声で言わないので、援助者は「何もできない」自分の能力に問題があると考えがちです。

巻き込まれるのは恥ずかしいことではない

〝巻き込まれる〟とは、抜き差しならない状況にぐっと引き寄せられて、そこにクライエントと共に身を置くことを指します。本人に共感するからこそ、距離が近すぎて境界がぼやけてしまうこともある一方で、巻き込まれることで見えてくることがあります。クライエントと激しくぶつかり、危機的な状況に対応しながら、彼女がなぜそこまでそこにこだわるのか、なぜそれを譲れないのかなど、巻き込まれることによってその背景をはじめて知ることになるのです。

巻き込まれることは援助者として恥ずかしいことではありません。巻き込まれなければ見えてこないような、難しいクライエントと自分が援助関係をもっていると自覚してください。そして、こうしたクライエントの多くは先述した「人間関係のテロリスト」です。しかも彼らに対する支援については、まだ十分知識や経験が確立されておらず、専門書を読めば「一定の距離を置く」としか書いていません。

したがって選択肢どころか、援助の方向性を見極めながら、わからないなかを、手探りで進めていくしかないのです。しかも彼らがかかえる困難はときとして犯罪であったり、そこまでいかなくとも反社会的行動と結びついていることがあります。

このように書いてくると、多くの援助者は自分の想像を超えてしまう感じがするでしょう。でも具体的な援助の方法がないわけではありません。

まず、難しい局面を切り開くのですから、決して一人で対処しないことが大切です。自分がクライエントとの援助関係で巻き込まれたり、翻弄されているあいだ、そんな自分を支えてくれる「応援団」をもつのです。

浦河べてるの実践で著名な川村敏明医師は、「浦河では、自分を支えられなければ医者をやっていられない」と述べています。[2] 医者だから患者を助けられるのではなく、むしろ医者が自分を支える技術、自分の役割を見いだす技術を大切にすることが必要だと言うのです。わからないことはメンバーに相談し、状態の悪い患者さんのことで感じる不安は、自分だけでかかえずにスタッフと話してキャッチボールするうちに、薬で抑える以外の選択肢が生まれると。

また、同じくべてるの実践について発信する向谷地生良氏は、医療現場も「弱さを絆に」が必要だと述べます。[3] 援助者自身が自分のかかえる弱さの情報公開を行うことで、スタッフ自身が安心して治療チームの一員であることを自覚し、チームと一緒にクライエントの支援にあたることができると言います。さらに向谷地氏は、「クライエントとの関係に寄りかからない」という〝わきまえ〟があるかと援助者に問いかけます。ある関係に寄りかからない、微妙な緊張感から自立が生まれる可能性を示唆しているのです。

冒頭でテロリズムの背景にある恐怖、それ自身を掘り下げる試みについて宮地氏の本を引きながら触れました。思えば私たちがクライエントからテロの標的にされるのは、本人が少し被害の渦中から抜け出したときです。一瞬でも張りつめていた緊張が緩みはじめるまさにそのときが、テロ行為に向けた準備の始まりです。暴力でつながりを確かめる以外の関係のつくり方があること、ぶつかることと関係が終わるのはイコールではないこと、相手の考えや価値は変えられないけれど折り合うことができることなどなど、人間関係のテロリストたちに伝えたいことが一杯あります。

誰かを傷つけることで自分自身が深く傷つくことを、わかっていながらどうしようもないもどかしさがあることも、伝わってきます。彼らと長くつきあっていくのに必要なのは不死身の身体ではなく、自分を支える技術と、弱さを媒介とした応援団とのつながりなのです。

1　宮地尚子 2005『トラウマの医療人類学』みすず書房、二六頁。
2　浦河べてるの家 2005『べてるの家の「当事者研究」』医学書院、二六九頁。
3　同書、二八三頁。このほか、援助場面における「応援という互酬的な関係」について浮ヶ谷が興味深い考察を行っている（浮ヶ谷幸代 2009『ケアと共同性の人類学』生活書院、三〇三頁）。

セックス

7

裁判とセックス

二〇〇九年のはじめ、私は施設でかかわっていた人の裁判に情状証人として立ちました。彼女は覚せい剤の使用で捕まったのです。ちょうど芸能人の薬物使用がマスコミで大きな話題となっていた時期です。芸能人と彼女では社会的な立場も背景も違いますが、裁判では同じ事柄が引き合いに出されます。それが「セックス」です。

覚せい剤がセックスドラッグとして常用者に使われているという事実は広く知られていますが、くだんの彼女の裁判でも、検察がその事実について尋ねる場面がありました。というより、薬物使用の背景に関してそれ以外に尋ねられることはありませんでした。

その日の法廷は、見たことのない人たちで一杯でした。私たちスタッフを除けば、自助グループの仲間という限定した人間関係しか彼女にはありませんから、傍聴者が彼女と知り合いであることは考えづらい状況です。そのなかで彼女の生育歴や別の施設での生活が開示され、そして覚せい剤の入手先である男性とセックスをしたかどうかが問われるわけです。

傍聴者はこのやりとりで「彼女の覚せい剤使用は、セックスの快感を得るための短絡的行為である」という理解をすることになります。裁判官は、薬物が非合法であることを知りながら行為を自重できなかった彼女の個人的問題として、量刑の斟酌に入ります。そして当の本人たちも、まわりからこうした情報を目にし耳にすることで、「自分はセックスがしたくてクスリを使っていた」と思い込もうとするのです。

他の裁判でも、同じような場面に何度となく出会います。このような繰り返しのたびに、「セックスがあったかなかったか」であたかも説明が終わったかのように扱われることに、上岡さんも私も強い憤りと疑問をもちつづけてきました。現実に私たちが彼女たちとつきあっていくなかで知るのは、セックスが快感というよりも、「相手から一瞬でも必要とされる存在である自分を確認する行為」であることがわかってくるからです。さらにこの背景には、たび重なる被害体験のなかででき あがってきた〝自己肯定感の低さ〟があります。

このように裁判とセックスの関連は、単純化・矮小化されがちです。それによって本当に大事なことが見過ごされてしまうのは、つくづく残念なことです。

次々と相手を変える人

　ところでセックスは、回復を考えるときの重要なキーワードとなります。薬物依存のなかでも、監禁や性被害といった重い事実をかかえる当事者たちにとっては特にそうです。「メンテナンス疲れ」（一八〇頁）のところでも触れましたが、被害のなかを生き延びてきた人の多くは、自分の身体でありながら自分の身体がどうなっているのかよくわかりません。身体の痛みなのか、気持ちからきている痛みなのか区別がつかない。どのくらい熱があったら休んでいいのか、あるいは病院へ行っていいのかわからない。「歯が痛くてたまらないと夜間急病センターに飛び込んだら、実は急性胃炎だった」なんていう不思議なことのオンパレードです。

　そのような不安定な身体感覚に由来するのかもしれませんが、彼女たちはセックスに関しては、まったくそれを避けようとするか、逆に次から次へと相手を替えてセックスを繰り返すかのどちらかに分かれるようです。

　援助者から見ると、次々とセックスの相手を替えていく人たちの様子は、まるで嗜癖対象がセックスへ移行したように思えるかもしれません。たしかに薬が止まった後のセックスは、寂しさを埋めるため、あるいは何かをしらふで感じることからの一時的回避という面があります。けれども意外に、そのままコントロール喪失に陥る様子はないのです。むしろ相手と出会い、会話をし、外へ出かけるといった一連の行動によって、つまり「セックスという関係性」を通じて社会のなかで人とかかわることを学んでいるかのようです。

上岡さんは、「セックスへとなだれ込む彼女たちはある意味で社会性がある」と言います。最初は自己評価の低さから誰とでもという印象だけれど、徐々に相手との関係も変わってきて、生活自体も落ち着いてくる。そんな例を見ると、彼女たちの行動は責められなくていいのではないか、と言うのです。ただし「身体を感じる準備」が整ったら、その時期には自分に起こったことを話す相手を見つけておく必要があるとも言います。そしてもちろん、セックスに明け暮れるこの時期は避妊をきちんとするという自分の守り方が前提となります。

まったく避ける人

それに対してセックスを回避しようとする人たちがいます。自分の身体に対する嫌悪感も激しいですし、痛みに敏感ですからセックスはとても無理だということになります。親密な関係になる人がいても、なかなかセックスができない。とはいえ相手が自分から離れてしまうのではないかという不安から、〝しなければいけない〟と強迫的に思っている人も少なくありません。

彼女たちの緊張感や不安の強さも人一倍ですから、つきあえる人たちは限定されます。その関係のなかでは自分を表現し活動できるので、自助グループなどの役割も積極的に引き受け、メンバーからの信頼があったりします。

ただ、その関係性がなかなか外へと広がっていかない。新しい場所や新しい人との出会いを求めながらも、怖さが先に立ち、起こっていない不安にやられて身動きがとれません。結果として、本来は外へと向かうエネルギーがさまざまな強迫症状となって出現し、生活を困難にします。そのため前に進めないのですが、いつまでもその場所に留まる自分にも腹が立つ。その結果、強迫症状が増強するなど悪循環に陥りやすいので、この時期には援助者は注意深く寄り添う必要があります。

　また、セックスは密室性の高い関係です。そもそもその密室性の高さから性被害は立証することが難しく、そしてしばしば被害にあった人の側が自責感にかられるような仕組みとなっています。加害者がその自責感につけ込んで口止めをするなどは、枚挙にいとまがありません。

　こうした力の不均衡が起こりうる場であることを考えると、自分が人から嫌なことをされたときに、それを「嫌だな」とわかることや、「嫌だ」と表明するなど、まずはふたたび被害にあわないための取り組みが優先します。やがて自分の身体が刻々と変化していくなかで、身体が「嫌だ」とわかってくるでしょう。いずれにしても、セックスについて援助者は、長期的な見通しをもってかかわる必要があることが浮かび上がります。

流浪のひと

8

他の施設へ「送り出す」とき

私たちがおつきあいしている人たちは、長い時間を必要としますが変化し成長します。たとえアルコールや薬を使いながらであっても、そのことを実感するときがあります。たとえば以前よりも率直に気持ちを話してくれるようになったとか、自分の弱さを隠さないことが増えてきた、などです。ですから、変化が起こりやすい状況をつくりだしていくのも、私たちの大事な仕事になります。

施設での生活は集団で過ごす時間が長く、よい意味で影響を受け合うこともありますが、その逆の場合もしばしばあります。スタッフに隠れて集団でルール破りをしたり薬の再使用に走ったりなどです。また集団のダイナミクスというのが働いて、誰か一人が疎外されるような事態も生まれます。ときには「○○ちゃんは、ここではこれ以上無理だな」と判断せざるを得ないことがあるのです。そんなときは全国にある仲間たちの施設に声をかけ、その人を受け入れてもらうお願いをします。

送り出す先は仲間の施設だけではありません。精神科病院のこともありますし、DV被害者を受け入れるシェルターにケアをお願いすることもあります。また、精神障害をかかえる人たちの授産施設でパンやクッキーづくりをしたり、近所のカフェでお手伝いをするといった、これまでの均質な人間関係とは異なる場所へ送り出すこともあります。

こうした試みでわかってきたのは、変化や成長を育む場所はできるだけたくさん用意されていることが大切だということです。さらに数だけでなく、それらの場が多様な分野にわたっているほうがなおよいのです。

援助者が次々とバトンタッチしていけばいい

「時間の軸」（一九二頁）のところで少し触れましたが、回復には長い時間がかかります。上岡さんは「回復とは回復しつづけること」だといいます。私も回復とはどこかに到達することではなく、むしろ変化しながら、より安定した暮らしを維持することなのかなと考えるようになりました。ですから一つの機関、一人の援助者がずっとその過程を伴走できるとは限りません。むしろ、そんなことは極めて稀でしょう。

その長い過程のどの地点を自分は支えているのかということが見えてくると、彼女たちとのおつきあいがずいぶん楽になります。そのような俯瞰した時間軸を私たちがもてなければ、「この支援が何になるのか」といった徒労感や無力感に私たち自身がやられてしまいます。そして、数回の出来事で「もう二度とかかわるのは嫌だ」という気持ちになってしまうのです。

この本では、暴力被害のなかを生き延びてきた人たちの、理不尽な体験の後で起こる不自由さが繰り返し述べられています。その不自由を「生き延びる」方法の一つとして、アルコールや薬物を使うといった嗜癖問題が取り上げられています。しかし専門職のなかには、アルコールや薬物と聞いただけで「よくわからない」という反応をする人が多いように感じます。また、「自分たちの援助とは関係がない」と考えている人が多いのも現実です。

ところが、理不尽な被害を生き延びてきた人たちがどのような不自由をかかえるのかが理解できるようになってくると、自分のまわりのクライエントのなかにもこうした課題をかかえる人がいることが「自然に見えてきてしまう」ようになります。見えてきたらしめたもの。自分ができる支援を精いっぱい行って、次の援助者にバトンを渡せばいいのです。

ずっと伴走するのでなく次々にバトンを渡していく――このような援助観は、残念ながらまだ一般的ではありません。でも上岡さんも私も、こうしたとらえ方が浸透することによって、あらゆる地域の社会資源が、その長い回復過程をどこかで支える場所になれるはずだという希望をもっています。

Sちゃんのこと

「流浪の人」というテーマが編集会議で出たとき、私の頭に真っ先に浮かんだのはSちゃんです。はじめて会ったのは彼女が一九歳のときです。上岡さんの運営しているハウスで、ふてくされて泣いていました。レクリエーションの場で思うようにならないことがあり、泣きながらスタッフに話を聞いてもらっているようでした。その後男性とのトラブルがもとで、二週間ほど私の施設で過ごしたことがあります。それからいろいろな場所を転々とした後、ふたたび私たちの所へ来たのは四年前のことです。

Sちゃんが当時苦労していたのは、やはり男性との関係でした。薬は止まっても、自分がどうやって生きていったらいいのかわからないと不安そうでした。学校へ通ったり、アルバイトをするなどいろいろな体験をしますが、なかなか自分がこれでいいと思えないようです。

また、Sちゃんは物事を継続するのが苦手です。新しいことに意欲がわくとすぐにでも行動し、そして結果もすぐに欲しくなります。ところが、たいていのことはそう簡単に結果が出るものではありません。三か月ぐらい経つと最初の意気込みが薄れ、関心がしだいに下がって、そのうちなし崩しに中断というパターンが多かったのです。Sちゃんいわく「何かを最後までやり通したという充実感が欲しい」のですが、なかなか思うようにはいきませんでした。

それでも、振り返るともう四年も同じ場所で過ごせているのです。これは大きな変化です。男性との関係も、いきなり始まっていきなり終わるようなものから、まわりをはらはらさせつつも、こらえる、諦めるといった別の形が加わりました。

Sちゃんが薬をやめるため、はじめて施設につながったのは一六歳のときです。思えばSちゃんは、全国の病院や施設を流浪しながら「大人になって」きたのです。薬なしでは一瞬一瞬しか生きられなかった時期を思うと、本当に特別な思いにかられます。私たちは今のSちゃんを見ていますが、かつてSちゃんと関わってくださった人たちと、思いがけずに研修などで出会うときがあります。Sちゃんが元気でいることを伝えると、みなさん一様に喜んでくれました。

薬が止まるまでに流れる時間。曖昧な記憶のなかで転々とするその土地その土地。「流浪の人」たちは今日も日本のどこかで、「その時期のその人」を受け入れてくれる場所で、生き延びているに違いありません。

9 だるさについて

一〇年続くだるさとは

誰もが日常的に「だるい」という言葉を使います。それは風邪をひいて熱があるとか、疲れがひどくて身体を動かすのが億劫なときだと思います。また、やらなくてはいけないことだとわかっているけれど、気持ちが向かわない状態を指して使うかもしれません。これらに共通するのは、その状態を一時的なこととととらえ、それをあらわす言葉として〝だるさ〟が使われるということです。

私のまわりには、このだるさが一〇年以上にわたって続いている人たちがいます。一〇年も？と驚く人が多いでしょう。でも事実なのです。

私の連れ合いは統合失調症です。発病してそろそろ三〇年になりますが、少なくとも私が一緒に生活を始めたこの二〇年、彼はずっとだるさをかかえて生活しています。

私が最初に驚いたのは、朝起きたときに「あ〜、疲れた」と言ったときです。熟睡できなかったのか、何か不安なことでもあるのかと思わず問いただしましたが、そうではないと彼は言います。どんなだるさなのか聞いてみると、私の知っているそれと同じようです。つまり「だるさの質」に大きな違いはありません。けれども彼は、だるさを感じずに目覚められるのは年に数回だけだと教えてくれたのです。

また、この数年は一日中だるさが続く日もあるようです。はじめはだるさの継続が〝怠け〟に見えたりしたこともありましたが、どうもそうではないというのがわかりました。しかも身体を動かすのが億劫な状態がこんなにも長く続くことに、いちばんうんざりしているのは彼自身です。私も彼のだるさを彼の一部として受け入れるのに時間がかかりましたが、それができると生活がしやすくなって、今に至っています。

言葉にできない抑うつ感

もうひとりは、上岡さんです。彼女はアルコールが止まって仕事を始め、生活もそれなりに安定しはじめたころに、ダルク女性ハウスを立ち上げます。同じ依存症の女性たちが亡くなっていく現実をなんとかしたいという気持ちからだったと言います。

設立後、自身の出産、子育ても重なるという多忙な日々が続いていました。施設でかかわった人が自死するという体験もあったそうです。ほどなく上岡さんは抑うつ状態の時期に入りました。それは一〇年以上続き、まさにだるさとのたたかいだったと言います。

緊張から頭痛が日常的にあって動悸が激しいため、外へ出かけず引きこもりました。家で横になるのですが、身体をできるだけ小さくして固まっていたというのです。ずっと同じ姿勢をしているので、動こうとすると腕や肩が痛くてたまりません。このころ体中が痛くて、いつも「痛い痛い」を連発していたと家族に言われたといいます。

子どもも小さいし、家事や育児などが自分にかかっているのに動けない。身体がどうにもならないという事実は、とても「やるせない」ものだったと上岡さんは言います。そのつらさは、いつもすぐに「死んでしまいたい」という言葉と結びついたというのです。

ふたりのエピソードを聞きながら自分がかかわっている人たちのことを考えてみると、「だるい」という表現はしないけれど、さまざまな体調不良の背景に実はこのだるさがあるのではないかと思われる人がほとんどです。そしてさらにそのだるさは、深い抑うつ感と結びついているようです。そしていきなり「死んでしまいたい」と言って私たちをぎょっとさせます。

上岡さんは抑うつ感について、その気がかりな感覚に合う言葉をじっくりと探していったそうです。浮かび上がってきたのは「自分が悪い」「自分を痛めつけたい」「自分が傷ついている」といった言葉でした。

かかわっていた人が亡くなることは、残された人たちを罪悪感に陥れます（＝自分が悪い）。思うように物事が進まないと怒りが出てきますが、それを整理できないままでいると怒りを自分に向けてしまいます（＝自分を痛めつけたい）。そして、誰かに脅かされたり理不尽な怒りをぶつけられたりして傷ついても感じないようにするのですが、人が怖くなります（＝自分が傷ついている）。

こんなふうに一つひとつ、自分の気がかりな感覚とぴったりくる言葉を探し、さらに何がそんなに悪いのか、怒らせるのか、傷ついているのかを自分に問いかける作業を続けたといいます。こうした一連の作業は「フォーカシング」[1]と呼ばれるのですが、上岡さんには役立ったそうです。

センサーとしてのだるさ

多くの仲間を自死で失うという苦しい経験のなかで、「言葉を閉じ込めてしまうと、それが心の中で悪さをする」ことに気づいた上岡さんは、このように言葉に表現することで生き延びてきました。一方で、苦しい気持ちの別の逃がし方もあるかもしれません。新しい車を買う、異性関係にのめり込む、新しい事業を始めるなども、「言葉にしない逃がし方」かもしれません。

そう考えると、だるさも悪いものともいえなくなってきます。なぜならそうやって動けないことで、自分の命を助ける側面があるからです。抑うつ感が続き、だるさとたたかう毎日ですが、それでも生きていけるのです。

私の連れ合いはだるさの効用をこんなふうに教えてくれました。自分の場合には無理がきかない。けれどもついつい無理を押してがんばろうとして、結果として統合失調症の陽性症状が出てしまうことがあった。今その症状が落ち着いているのは、やらなければいけないのにだるさがあってできないため、結果として無理がきかない。この無理がきかない一線を教えてくれるのがだるさだというのです。

　彼はだるさとの長い格闘のなかで、次第にそれを「たたかう相手」ではなく「自分の病気のセンサー」として、自分のなかに住まわせたようです。だるさをこのように考えてみると、この一見不快な状態が、実は豊かな土壌のように思われてきます。

　私の連れ合いは言います。「みんな一生懸命すぎるし、急ぎすぎてるんだわ〜」と。

　気がかりなこのだるさですが、一人ひとりにとってどんな意味をもたらしているのでしょう。とても言葉にはできないと思う人が多いかもしれませんが、私はそれでも取り組んでほしいなと思うのです。

1　フォーカシングはジェンドリングによって見出された、体験過程に関する理論と技法です。多くの関連書が出版されています。詳しくは伊藤研一 2009『フォーカシングの原点と治療的展開』岩崎学術出版社、などを参照。

それでも希望について

いつになったら〝よくなる〟か

10

ずいぶん年上の人が、「仲間のなかで真ん中に写っている自分を見ると、回復だなって思う」と言いました。人の後ろに隠れて生きなければいけなかった人生を回想しながら、これまで自分によくしてくれる人が仲間だと思っていたが、今はすべての人が仲間だと知ったというのです。

上岡さんは「そんな話を聞くと、生きていくことは確かに大変だけど、『それでも希望がある』って言いたくなるね」と言ってくれました。

施設につながったばかりの人はとても急いでいます。早くよくなりたいし、早く働きたいし、早く彼氏が欲しい等々。まるですぐにでも時間がなくなってしまうかのようです。ところが生活が落ち着きはじめ、今まで感じることもできなかった身体の不調が感じられるようになってくると、思ったよりも自分の変化がゆっくりでイライラして焦りはじめます。

アルバイトをしたいのに疲れやすいし、しょっちゅう歯が欠けるので歯医者通いで忙しい。一年あまりアルコールや薬をやめていても、人が怖いし自分に自信がない……。悩みはちっとも軽くなりません。こんなときに思わず不安になってスタッフに聞きたくなるのです。「いつになったら自分はよくなるのか？」と。

アルコールや薬だけでなく、はじめはプラスの効果をもたらしてくれたものが、逆に生活を脅かすようになってもコントロールできない状態を指してアディクション（嗜癖問題）と呼ばれます。ギャンブルや買い物、食べること、恋愛などコントロールを失ってしまうものは私たちのまわりにあふれています。こうした病的なコントロール喪失に陥ってしまうと、ふたたびその対象物をコントロールして使うことはできません。その意味で「治らない」のです。

けれども、たしかにアディクションの対象となったものを使う自由はなくなりますが、生活はできるようになります。だから、「治った」とは言わずに「回復する」という言葉を使うのです。

回復とはある地点に到達することではなく、むしろ変化しつづける過程そのものを指しているようです。この本に登場するような反復性の暴力被害、あるいは理不尽な体験によって自分の生活が破壊されてしまった人たちがかかえる「その後の不自由」はあまりにも長く、しかも生きることの隅々にまで影響を及ぼします。

やがて繁華街を徘徊し、お金や住むところを手当てしてくれる大人と交流するなかで、薬と出会う人もいます。自分のかかえる現実を薬で一時的にしのぐのです。あるいは食べることに没頭することで何も感じないようにする。リストカットする痛みで別の痛みをかき消そうとする。

このように本人たちが意識するかどうかを別にして、薬や過食やリストカットなしには生きることができなかったのです。ですから生き延びるために必要であったこれらのものを手放していくことは、回復のスタートラインであると同時に、本人たちにとっては危機でもあるのです。

過去を無にしないでほしい

アディクションを治療対象とみる専門職のあいだでは、アルコールや薬といった嗜癖対象をやめて社会に復帰するのが回復だと考えるのが一般的です。具体的には「就労による経済的自立」です。女性の場合は家庭内の役割（妻・母・嫁・娘など）に復帰するといったイメージが主流です。

しかし、この本に登場する人たちの「よくなること＝回復」は、少し違うように感じられます。アルコールや薬などアディクションは止まらないままであっても、たしかによくなっている。よくなっていくとは、仕事、お金、社会的地位など〝何か〟を手に入れるといった、上昇していくことではないと思います。

むしろ自分がさまざまなものへのめり込みながら逃れようとしたこと、忘れようとしたことを、なかったことにしないでほしいのです。嗜癖にのめり込んだ意味を消して生きることは、自分を否定しながら生きることです。人に迷惑をかけたことをきちんと償うことは大切ですし、病気のせいにして自分を正当化するのはそれこそビョーキです。

けれども、自分のなかにある「そうでもしなければ生きられなかったなかで嗜癖が必要だった」というその〝意味〟を消してしまうと、等身大の自分と、表面に見せている自分の距離が少しずつ大きくなっていきます。その距離の大きさはやがてバネのような反動となり、ふたたび本人を嗜癖の世界へと押し戻してしまうでしょう。

ご苦労様でした！

希望について書いているはずが、希望をもてない感じになってしまいましたね。

嗜癖からの回復には長い時間がかかります。身体をはじめとした自分のメンテナンスを続けながら、生きるためのスキルを見つけていくのですから。なかでも人とつながるスキルは重要です。なぜなら、危ないことを危ないと教えてくれる人がいないと、あるいは社会の求める〝普通〟からはずれている自分を「それでいい」と言ってくれる人がいないと、安心して暮らせないからです。

そもそも安全とか安心とか、あるいはそれらの前提にある信頼というものは、誰にとっても聞いたことはあるけれどよくわからないものだと思います。ですからたくさんの新しい体験のなかで気づき、発見し、試してみる、ときには失敗するなどの過程を通過してそれを獲得していくようです。また、さまざまな体験を通じてスキルは年ごとに少しずつヴァージョンアップされていくのです。

かなり道のりが遠い感じがするでしょうか。

そうしたなかで何が希望となるのでしょうか。

嗜癖問題への治療や支援が盛んなアメリカでは、回復に関する多くの書物が著され、多くの回復モデルなどが整理されています。仕事柄読むこともあるのですが、一見合理的で洗練されているかに見えるそのモデルを眺めても、私はそこに〝希望〟をあまり見出せないでいます。むしろばたばたと慌ただしい日常の支援のなかで、本人たちがやらかす「まったくもう！」と思うようなトラブル――そのトラブルの質がふっと変わっていることに気づく瞬間に、希望を見出すのです。

もしこの本を読んでくれているあなたが、「その後の不自由」を生きている本人だったら、お伝えしたい。〝よくなること〟についてはあまり考えないでください。とにかくここまで生きてこられたことに、「ご苦労様でした」とまずは言いたいのです。そして、もう少し生きてみませんか。どこかと、誰かと、緩やかにつながることがきっとできると思います。

最後に一遍の詩をご紹介してこの章を締めくくります。どうしようもないこの世界にも、希望という細い道が通じていることを信じて。

霧が晴れるとそこに
あなたがいたという
霧が晴れるとそこに
道が表れたという

いえいえ
そうではありません
霧にとざされたその時も
あなたは待ちつくしていたのであり
道は通じていたのです

詩　岡田哲也（小林重予・岡田哲也 2009『往来葉書——鬼のいる庭』海鳥社より）

focus 5

トラウマは深く話しても楽にならないし、解決もしない

はじめに深く話してしまうと通えなくなる

援助者の皆さんは、「相手の話を深く聞いたらその人が楽になるんじゃないか」と思って、がんばって聞くことがありますよね。深い話を聞くことに専門職としてのアイデンティティを感じている人もいるかもしれません。そして話をする側も、自分の過去のトラウマについて深く話せば「解決するかも、変化するかも」と期待して話します。

でも、それは幻想です。トラウマの経緯を深く話しても楽にはならないし、解決もしません。

私はあるクリニックでずっと依存症を伴うトラウマ体験サバイバーのグループミーティングをやっています。そこで何度も、大変な〝被爆〟をしてしまうような話を聞いてきました。その経験から学んだのは、関係性がまだできていない最初のうちに深い話をさせるようなことは避けなくちゃいけない、ということです。

私もむかし深く話してもらえば何かが解決すると思っていたときがあります。する

と、話した人からそのあと「クリニックに通う途中の道でフラッシュバックを起こしてしまうので、クリニックに寄り付きたくない」と言われたのです。私の姿を見ると過去を思い出してしまうので、痛くて会っていられない。あるいは私とは会いたいけれど、別の場所で会えないかと言われたこともあります。本来は治療のために通い、勉強しなくてはいけない場所なのに、最初にトラウマを深く話してしまうと、そこにもう通えなくなってしまうのです。

それだけではなく、一緒に話を聞いたグループのみんなも二次的外傷を負ってしまう。両者にとってそれは非常によくないことなので、私はグループミーティングでは深い話は聞かないことにしました。

でもこれはすごく難しいことです。はじめて話を聞くときに、トラウマをなかったかのように扱ったら、相手は傷ついてしまいますよね。だから話をどこで止めるのかという判断は命がけです。ストップをかけるときは、「あなたと長くつきあいたいから、ゆっくり話したいから、もしよければちょっとここで止めておかない？」と言います。

話すのは「現在のこと」、そして「どう感じたか」

私はミーティングのトピックを「昨日、今日のこと」に限りました。その話を聞いて思い出した過去のことをみんなが話し出すことはありますが、でもあまり詳しく話さなくていいと伝えています。

また、「何があったかという説明よりも、そこでどう思ったか、どう感じたかだけを話せばいいから」と言います。「言葉にならないけれど大変なことがあって」とか、「今はまだ言えないけれどとてもつらかった」のように、経験をカッコのなかに入れるような話し方を教えたりします。

なぜなら、説明しているあいだは楽にならないからです。説明って人を楽にはしない。よくなっていくときの話って、説明じゃないんです。むしろ「どういう気持ちだったか」ということを話せるようになったときに、その人の回復をみるほうが多いなぁと思います。

誰でも、過去のつらかった出来事や抑え込んでいた気持ちをぶちまけたい欲求をもっていますよね。特に医療者は権威をもっているので、洗いざらい話して自分の罪悪感を払拭したい、できれば免罪されたいと思う人は多いと思います。でも、繰り返しますが、過去のトラウマを深く話しても、あるいは聞いても、何も解決しないのです。逆に、深く話したことで先ほど言ったような弊害が出てきたりもする。その点は、医療者の方たちも知っておいたほうがいいのかなと思います。

［上岡陽江］

6

対談

では援助者はどうしたらいい？

上岡陽江×大嶋栄子

——（司会）第5章までアルコールや薬物依存症の人、暴力被害を受けた当事者たちには「世界はどんなふうに見えているか」という話をたくさん聞かせていただきました。最後に、では「その人たちにかかわる援助者は何をしたらいいのか」についてお二人に話していただければと思います。

上岡　大変ですよね。うまく行かないときには援助者の心に無力感が出てくるでしょう？

大嶋　援助者本人が傷ついてるのに、さらに「傷ついてしまった自分」を責めてもいるわけですから。

上岡　援助者の心の中にもイガイガが出てきて、それが悪さをするんだよね。

援助者に出会うまでには長いプロセスがある

大嶋　上岡さんと二人で、ダルク女性ハウスに来ている人がどのような経緯をたどってきたかを図にしてみました。暴力の問題にせよ依存症の問題にせよ、援助という枠組みに入ってからのことは世の中の本にたくさん書かれているけれど、「実は援助にたどり着く前にはこんな経緯があるんだ」ということは知られていませんからね。直接依存症や暴力の問題を取り扱うという形じゃないにしても、たくさんの人たちが本人たちを支えてくれているわけです。

まず、当人の親の妊娠・出産から中学卒業ぐらいまでに出会う問題が**図1**（二三七頁）にまとめられています。これはいわば前史で、一五歳くらいからいろいろな不具合が始まってくる。それを表したのが**図2**（二三九頁）です。

一五～二〇歳くらいまでが《前期》。次に二〇～二八歳くらいまでの《中期》。そして最初に専門的な支援機関と出会う二八歳以降の《後期》、だいたいこの三つの区分ですね。たしかにこの長いスパンのどのあたりでその人に出会っているかがわかってると、援助者自身の感じる苦労も疲弊感もずいぶん違ってくる感じがします。

一五～二〇歳くらいのときにおまわりさんなどのお世話になってる人も多い。だけど、おまわりさんにお世話になっていたら、そのぶんだけ出会いも多かったわけです。あるいは保護観察がついていれば保護司さんたち。

それが二〇～二八歳くらいになると、学校は卒業しているけれど定職に就けなかったりするから、この時期はどこにも属せないことが多い。家族からも思うよ

図1 **当事者が中学卒業までに出会う問題**

妊娠・出産

望まない／早すぎる妊娠による出生
パートナーからの DV
経済的困難

早期の介入
★母子双方に／一緒にサポート
（現状では「母」「子」分断）
★経済的サポート、
安価で安全な住居の提供

就学前

親の病気
虐待
DV 被害／ DV の目撃
経済的困難
危険度の高い、孤立した子育て

小学校

勉強についていけない
（暴力、虐待、家庭内の緊張度が高い）
いじめられ／いじめ

「教育」「福祉」の枠をまたいだ援助、ソーシャルワーク
★保健室と地域の社会資源の連携
★フリースペースなどの地域の社会資源と、
学校のパイプ役
★学校の外に、必要な資源を創設

困難な状況をケアされなかった子どもが、自己治療としての薬物使用から依存へ

中学校以降・学校で

不登校
引きこもり
非行化

中学校以降・学校へ行っていない

引きこもり
非行化
風俗・水商売に従事
パートナーからの DV
望まない／早すぎる妊娠

10 代の健康のための情報センターを
★大人とのつながり、信頼
→説教されずに話を聞いてもらうこと
★健康問題としての認識
→依存症や摂食障害、自傷や自殺未遂も
身体の健康を害す
★性とからだのことについて情報・相談
→妊娠出産、中絶、避妊、性病
★ワンストップサービス
→必要なあらゆる援助への窓口

うなサポートが得られないと、本当に孤立してしまいます。だから意外とこの年代は使える資源も人も少なくて、刑務所に入ったり、男の人を渡り歩くというような形で生き延びる人もいる。そして生活が行きづまってようやく援助の場にたどり着くのが二八歳くらいだという話ですね。

上岡　《中期》で自殺しちゃったり、事故っちゃう人たちが多い感じがする。

大嶋　支援の網に引っかからなくて亡くなってしまうわけね。

上岡　うちのスタッフたちも、「やっぱり二八歳周辺で仲間が亡くなってる」って言うのね。

家族会に出るような協力的な家族であれば二〇代前半くらいでプログラムに入れる人たちはいる。その人たちはとりあえず薬をやめて、生き方は下手だけどなんとか生き延びていくんです。でも家族がいないとか、家族のほうがもっと大変な状況で協力が望めないと、やっぱり二八歳以降に援助者と出会うという感じになると思うんですよね。最初は三〇歳にしようかって言ってたんだけど、なんとなく二八という感じがあるのでそれを大切にしようと。

大嶋　三〇歳になったからって身体がいきなりガラっと変わるわけじゃないのに「なんかやっぱり違う」ってみんな言いますね。生理のときの感じとか。二八歳というのは、ぐっと変わってくるそのちょっと前なんだね。

上岡　私自身もそうだったけど、仕事はどうすんのとか結婚はどうすんのかとか、大人になるためのことがいろいろあるじゃない？　だからこの時期って不安感でいっぱいで落ち着かない。

大嶋　たしかにもう大人にならなきゃいけないギリギリのとこだよね。

上岡　みんなやったけどダメだっていうのがはっきりしてくる時期。仕事も続かなかったし、彼ともずっと続かなかったし、薬も何度もやめたけどまた使っちゃったし。親も本人も焦ってくる。

それより前だと、薬やめようって言われても、もっとやりたいことがあるって言うよね。たしかにまだ何も仕事もしてなければ、男性とのつきあいなんかも結婚に至っていないか、何度も結婚したけどダメだったとか。だから二八歳あたりが、本人にとっても納得できる第一の出会いの年齢かなと思う。

大嶋　前に上岡さんが、「薬はあまり早くやめないほうがいい」って言ってましたね。立ち方をよくわから

図2　中学卒業以降に出会う問題と社会的資源

時期区分	出会う援助者や機関	起こっていること	基本のニーズ	必要とされる支援
前期（15〜20歳）	★学校（保健室、進路指導の教諭など） ★保健所、精神保健福祉センター（思春期相談、心の相談） ★司法（警察署の少年課、保護観察所、矯正施設、地域の保護司など）	居場所のなさ／逸脱行為／自傷／将来に対する不安／大人社会への不信	話を聞いてほしい	★安全に時間を過ごせる ★話し相手になる ★基本的な生活習慣を身体で覚える
中期（20〜28歳）	★心療内科、精神科クリニック、精神科病院（医師、看護師、ソーシャルワーカーなど） ★ダルクなどの社会復帰施設、グループホームや作業所といった地域にある障害福祉施設 ★自助グループ	生活の行きづまり／医療を必要とする精神症状／違法行為／ピア（仲間）との出会い／予定外の妊娠や出産	かかわってほしい 身の安全を守ってほしい	★試行錯誤の過程を見守る ★性急な結果を求めず、失敗を想定して〝抱え込まず〟に次へつなぐ ★具体的な生活を支える（食事提供や金銭の管理、危機対応など） ★楽しむ機会を提供する
後期（28歳〜）	★精神科クリニック、精神科病院 ★開業セラピスト ★婦人科や内科のかかりつけ医 ★就業支援関連施設（ハローワーク、就労支援系福祉事業所、ジョブカフェなど） ★自助グループ（スポンサーシップ）	症状の把握が可能／身体の不調／社会性の獲得／役割の認識／経験の不足／孤立した子育て	教えてほしい 長い変化の過程を見ていてほしい	★依存症など疾患に関する正確な情報の提供 ★安全確保や対人関係など、社会生活維持に必要なスキルの伝授 ★親としての振る舞い、対処法を知る ★経済的自立へ向けた経験の蓄積

ないで必死で生きているのに、支えになっている〝酔い〟を取ってしまうと、もっと生きられなくなってしまうって。

——やめればいいわけじゃない？

大嶋　そう。「このまま薬やってたら、お酒飲んでたら死にますよ」って脅かす医者の気持ちもわからないではないけれど。

上岡　こういう人に出会ったとき援助者は、「なんでこうなっちゃったんだろう……」って闇雲に思うわけだけど、それをこの図みたいに前期・中期・後期と見ていくとそれなりの経緯もわかるし、今何をするべきかっていうことも見えてくるんじゃないかな。

たとえば二〇〜二八歳のころには薬をやめないかもしれないけど、情報提供はやらなきゃいけないよね。「このまま飲みつづけていくとカラダ壊すよ」とか、「少しやめる方向を向きながら仕事してみましょう」とか。

今ヒットしなかったとしても、どこにどんな社会資源があるのか、情報をたくさん入れておいてほしい。実際、「こんなことでお医者さん行っていいの？」と思っている人はたくさんいるんです。

「電話してね」と言っても電話がこない理由

上岡　みんなに「勉強いつまでしてた？」って聞くと、口をそろえて「小学校の三年まで」って言う。三年生だと荒川区の白地図くらいしかやってなくて、日本の歴史とか、世界の歴史とか、選挙とかというのがすべて抜けています。だから、目の前にいる人が訳わかんないことやってるときには、「もしかしてこの人は一度も選挙行ったことないかもしれないし、世の中の成り立ちもまったくわかってない可能性があるんだな」って思ってほしいの。だからハウスでは九九とか漢字ドリルとかを教え合ってる（笑）。やんわりと恥をかかせないように。そういうことをみんなでやっていくのは必要だなって思ってる。

大嶋　私も病院にいたときインテーク面接をやっていたけど、今だと小学校を卒業してないっていう人はいないから、「何年生くらいまで学校で勉強してたか」なんてふつうは聞かない。でも、知的な問題があるかもしれないと申し送りをされた人と話をしたり、生活動作を見ていても、それほど知的な問題があるようには思えないんですね。それで詳しく聞いてみると、だいたい小学校二年とか三年くらいまでは椅子に座って勉強したって記憶はあるけれど、それを超えると先生が何を言ってたかとか、どんなことをやったかとかの記憶がないって。力があってもそれが引き出されることも育てられることもなく、そのまんまになっちゃってる人たちがいるんです。

上岡　小学校三年生までしか勉強してないって言った子が、自分は高校中退だっていうのよ。小学校も中学校も行かなかったんだけど義務教育だから自然と中三になって、願書出したら一番下の高校に通ってしまったんだって。それで高校に行ってすぐ辞めちゃったと。だからインテークでは高校中退となっていても、現実には小三くらいの知識で終わってるって人もまじってる。

大嶋　学校行ったかとか行かなかったかとか中退したとか、事実としてはいろいろ聞いたとしても、その人がどういう人であるかを、ありありとイメージできるようには聞いてこなかったんだなって気がする。

上岡　そういうことって聞かないとわからないんですよ。冷蔵庫やクーラーがあると言っても、冷蔵庫壊れて三年経ってるかもしれないし、お風呂も壊れちゃってるかもしれない。それに、そういう日常的に困っていることは言いづらいんだと思うよ。

私が刑務所の中で話をしていくつか連絡先をあげると「そんなに相談するところがあったんですか！」ってみんな驚いちゃうんだよね。次に出てくるのは、「なんて言って電話したらいいんですか？」ってこと。私は「『困ってる』って言いなさい。そしたら向こうは聞いてくれるから」って教えるんだけどね。

一度も人に相談したこともなかったり助けてもらったことのない人だと、電話をして、まず最初の言葉をなんて言ったらいいのか自体がとても難しいんですよ。だから「電話してね」って言うだけじゃなくて、合言葉じゃないけど、「カラダで困っているときは『カラダ』と言ってくれ」とかまで教えてほしい。ただ「電話してね」だけだとハードルが高いですよ。

大嶋　そこのところをちょっと力を貸してくれる人がいるとずいぶん違うのにね。

上岡　いいワーカーさんや看護師さんが付いてきてくれたり、「一緒に電話しましょうか」って言ってくれたりすると、本人としては全然違うんだよね。

大嶋　実際、電話の相手側に何を聞かれてるのかよくわからないこともあるわけです。一緒に電話をすれば「こんなことを言われてるんだけど何を聞かれているの？」ってことに、その場で答えてあげられる。

上岡　うちのメンバーもあとから、「電話したら全部聞いてくれると思ってましたから、ずっと黙ってました」ってよく言ってた（笑）。

——え、どういうことですか？

上岡　たとえば私が「ダルク女性ハウスです」って電話に出るじゃないですか。そしたら相談するほうがずっと黙ってる。

——電話してきて黙ってる？

大嶋　相談する側なのに「こういうことで困ってるんです」って言えないから、本人なのか家族なのかもわからない。だからこちらが「ご相談ですか？」聞くと「はい」。「ご本人ですか？」「はい」。

上岡　あとから「あのときなんでしゃべんなかったの」って聞いたら「とりあえず電話したら全部聞いてくれると思ってたから黙ってた」って。

大嶋　「ここに電話してごらんなさいって言われたから電話した」とかね。

上岡　はじめはやっぱりそうね。

大嶋　ずっと黙っているからこちらから聞きますよ。「どんなことで電話したほうがいいって言われたの？」と聞くと、「よくわからない」っていう子もいるし、「たぶん薬のことだと思う」とか。そういうように言える子はまだ話がしやすいんだけど、「さぁ？」みたいな子もいる。「自分のことなんだけど、『さぁ？』みたいな感じなのね？」って聞いたら、「うーん」だって（笑）。

テレパシーで伝わると思っている

上岡　聞き方がわからないということと同時に、私たちトラウマ持ちはね、テレパシーで話してるっていう感覚があるんですよ。

大嶋　伝わると思ってる？

上岡　そう、伝わると思ってる。解離のスイッチが自然に入ったり切れたりしてるでしょ。だから途中で解離しちゃうかもしれなくてね。そうすると自分としてはイメージの交換みたいなことで人と話してることも多くって。時の流れも変わっているし、景色も変わってる。第六感だけが動いていて、自分はこんなに困ってるってことが相手にテレパシーのように伝わってると思ってる。だからみんな自殺未遂しちゃうんだよね。

——どういうことですか？

上岡　いや、自分が困ってるって相手がわかってるはずなのに、わかってもらえない。だから落胆して自殺しようって。

大嶋　遺された側は「どうして言ってくれなかったんだろう」ってよく言うじゃないですか。でも、もしかしたら相手は「伝わっているかもしれない」と思っていたかもしれない。そう思うとすごく怖いよね。

上岡　私たちが仲間うちだけで話してるとね、なにか一つの単語で「そうそう、よくわかってくれたのね」とか、「そうだよね同じだよね」とか、まったく説明していないのにわかった気になっちゃう瞬間があってね。説明を何ひとつしないのに一〇人くらいが「それ私わかるわ」って言う。本当にわかってるかどうかわかんないんだけど、でもみんな感じるものが何か似ていて——たとえば落胆した感じとか、何かを失ったような感じ——、それで伝わったと思ってしまう。だから、「仲間たちじゃない人と話してるときには相手に伝わってないよ、テレパシーでは相手に伝わらないんだよ」って教えないとだめだよね。

大嶋　親しい間柄で自殺されるってよくあるじゃないですか。家族や身内が亡くなるのもそうだし、あるいは「自助グループで何時間か前まであんなに普通におしゃべりしてたのに……」みたいな。それはもしかしてテレパシーが通じてると思ってたのかもしれないですね。

だとするとね、なんか腑に落ちるの。たしかに親しかったがゆえに伝わってるって思ってたのかもしれない。……でも、そう考えるとますます残された側は罪悪感が募りますね。相手にサインをキャッチできなかったんじゃないか、みたいに。

上岡　でも、そりゃ無理だよ。

大嶋　だからね、「それは説明しないとだめだよ」って誰かが力強く言ってくれないと、やっぱり受け取れなかった自分に問題があるんじゃないかという方向に行きがちです。

さすがに「死にたい」なんてストレートに言えるぐらいだったら死なないと思うわけです。だけど「何かサインあったはずだ」って援助者はやっぱり思ってしまう。見過ごしたんじゃないかって。私は幸いなことに今まで突然亡くなられたってことはないんだけど。

上岡　私は「彼女のテレパシーがわからなかった」というのはあるな。亡くなってるからね……。大嶋さんが言われた通りよ。もうハウスやる前からつきあってて、ハウスに入ってから自殺されたの。今振り返れば、彼女は「ハルエにはわかっている」って思っていた可能性はある、言わなくてもわかってほしいって。クソーーーッ！

大嶋　だから最近は「私にはわからないからね」ってうるさく言うようにはしてるんだよね。

そういった意味ではいろいろしでかしてくれて、いわゆる問題行動と言われるようなものが出てきたり、暴力的な言葉を吐かれてるうちは意外と安心してるわけ。だけどふっと言葉が途切れるとき、ちょっと静かになっちゃうとき、あのときは結構怖い。

上岡　それこそ向こうはテレパシーで絶望したって言ってるかもしれない。

大嶋　そうそう。口で「もうあきれたんでしょ？」としつこく言ってるうちはまだ全然大丈夫なんだけど、それをテレパシーで言うようになると怖い。遠くから一瞬ほんの〇・五秒くらいこっちにまなざし向けて、それで死なれたらどうしようと思う。二秒か三秒ガン見してくれればさすがにわかるけど（笑）。

――援助者としては「微妙なサインにも気付けるように能力を上げましょう」という方向になるのでしょうか。

大嶋　いえいえ、そうじゃなくて「もしかしたらテレパシーで伝えられるのではないかって思ってるかもしれないけど、そうじゃないよ」と、ことあるごとに言う。

上岡　そうだね。

大嶋　わかんないよって。

――そういえば、べてるの家のソーシャルワーカーの向谷地《むかいやち》さんは自分で「鈍感だからね」と常に言ってますよね。

大嶋　目の前に立って道をふさいで大きな声で何かを言わないと、向谷地さんは聞いてくれない（笑）。

上岡　やっぱり察知しちゃう関係って危ないんだね。

大嶋　でも一方で、これは今は触らないほうがいいなとか、あんまり本人に突きつめないほうがいいとか、そのぐらいの繊細さは重要なんですよ。だけど繊細だって、その繊細さを自分の強さみたいにして使おうとすると、どーんと大きな落とし穴に入っちゃう。

相手が能動してくれたときにちゃんと、「はい、今のわかったよ」って言う。わかんなかったらやっぱり、「今のごめん、わかんないわ」って言ってあげることです。

上岡　私も前は、トラウマの治療しちゃえばよくなるみたいに信じ込んでた部分がありましたよ。でも、今みんなとつきあってくると、「助けて」とか「自分は実は身体がすごく不快でしんどい」と言う練習とか、どう人とつきあったらいいのかを丁寧に教えないとだめなんだってわかってきた。
あと、自殺をされると誰でもやっぱり心の中にイガイガみたいのが残るじゃない？　それって一年とかじゃ出てこなくて、三年とか五年とかかかる。だからかかわるこちら側もちゃんと自分の痛みとか喪失みたいなものを整理しないと、後々まで心の中でいたずらをしちゃうんだよね。私で言えば一五歳ごろの友達の死にまったく触れられてなくて、それはすごい罪悪感とか喪失感になっている。その痛みに苛まれて、イガイガが悪さするんだよ。
やっぱりそれに関しては何度も何度も整理していくよりほかにないのかな。しゃべれたらしゃべるっていうかたちで整理してくよりほかないのかな。そんなふうにこのごろは思ってます。

自己覚知はフィードバックから

――そのほかに援助者に望むことってなんですか？

上岡　よくなった人の話を聞きに行ってほしいな。

大嶋　それは上岡さんが一貫して言っていることですね。上岡さん自身もよくなった人を見たことなかったって。

上岡　見ないとイメージできないのよね。だから「繊細にならねばとか言う前に聞きに行け」って言いたいわけ。

大嶋　そして、人の話を聞いたら、そこで自分がどんなことを感じたのかってことを、自分以外の人とやり取りしてみてほしいんですよ。私が嫌なのは、「いい話を聞かせてもらいました」というコメント。別に本人はいい話しようと思って話してないですから、この人の話のなかに何を見つけたのかを教えてほしいんですよね。そのフィードバックのほうが話してくれた本人には必要なんです。そして、帰ったら何を見つけたかを誰かに話してほしいんですよ。

――援助者の仲間にですか？

大嶋　たとえば詰所で同僚の看護師さんに、「きのう上岡さんの話聞いたけど私あの人の話全然ピンとこなかったんだわ」とかって。それは大事なんですよ。「いい話を聞いた」だけだと同僚もそれ以上聞きようがないわけじゃないですか。だから、どんなところがよかったとか、どこがピンとこなかったか、あの人はこういうふうに言うけど私たちはこうだよねとか、反発を感じたとかね。それは自分が感じてる自分の見方を確認する作業だと思うんです。

自分の感じてることを点検する作業って、実は援助者はとっても怖いんですよ。それ、教科書的には「自己覚知」っていうんですよね。でも、具体的にどんなふうにやってるかって意外と誰も教えてくれないですよ。

――でも自分の感覚を人に話すのってすごい怖いですよ。こんな程度にしか感じていないのかって思われそうで（笑）。

大嶋　怖いよね。でも他人にフィードバックをしないでどうやって自己覚知していくんだろうと思いますよ。手放しの共感も大事だけど、「私、これはだめ」って思う違和感も大事。そういうふうにして自分の感覚を磨いていくんだと思うんですよ。自分の外に出さないと磨きようがない。夜中にこっそり誰も見てないところで磨いてもだめですね。

上岡　誰かと話してると、すっきりすることがあるよね。いいか悪いかだけじゃなくって、その人とはどこが違うかがわかってくる。

大嶋　メンバーには「人は違っていいんだ」って言ってるなら、やっぱり自分もやってみないと。嘘があるのはだめだよね、迫力ないもん。

「迷惑」じゃなくて「痛い」んだ

上岡　嘘があると、人との距離ができるよ。きのうもダルクの男性と話してたんだけど、トラブったときには、施設のスタッフとしてじゃなくて一メンバーとして立つって。自分がビギナーだったときどうだったか、今やめてる自分としてどう思うかっていうところに立って話をするって言ってた。本当にそうだと思うのね。

大嶋　みんな依存症当事者であってスタッフでもあるからねえ。

上岡　だから、メンバーもみんなスタッフを鋭く見てくるでしょ。

大嶋　それつらいわ。

上岡　やっぱりそういう瞬間ってさ、何を考えているかわかっちゃうからね。だから私も切り替える瞬間ってのがある。たとえばオーバードース（大量服薬）して自殺しようとしたことに対して、今度やったらもう出入り禁止だって施設のスタッフとして言うじゃない。次に切り替えて、自分はかつてどうだったかっていうのと、いま私としてどう感じたか。だから「あなたの痛みで私は身を切られるようだった。心臓が痛い」っていうことも言ってますね。

大嶋　それは私もある。施設である大きなルール違反があったときに、「ここではその行為はだめだよ」ということと、「だけどあなたがそれしか今回できなかったっていうのはわからないわけではない」ということを言った。そして「どんだけ心配したか」ってこと。本人は怒られると思ってガクガク震えているだけだったけど。

上岡　みんな守られてきたことがないから、「自分の行為で人が痛い」ということがわからないんだよね。相手がいてはじめて痛いんだってことがわかるんだと思うよ。ちっちゃいころから自分の行為で他人が痛くなるという感覚がうまく育ってこなかったから。それが「リストカットとか自殺未遂でリセットする」という感覚につながってる気がする。

大嶋　やっぱり手首を切られたら嫌ですよ。切ったってことだけちゃんと教えてきたら私は怒らない。怒らないけど「私はこれは嫌なの、もう見るのも痛々しいし、とにかく心配だからやめてちょうだい」とは必ず言う。自分のやったことで他の人がつらい思いしたり、悲しかったりするんだっていうことをね。

上岡　むこうは「迷惑をかけた」とか「怒ってる」とか思ってるんだよね。でも、実はどうも「こちら側もすごく痛むんだ」っていうことがわかってないらしいんだ。

大嶋　手当てしてくれる人がやられるっていうことがなかなか実感できないみたい。

上岡　本当に困ったことだけど、それは何回もやりとりがないとだめなんだよね。こちらが「迷惑」してるんじゃなくて本当に「痛い」。そのことで本当に身体が痛くて夜中に目が覚めちゃう、とは思えない。

大嶋　気にかかっていつも考えてしまうとか。

上岡　そういうのがなかなか伝わらない。

――それが「最近は発達障害が多いんじゃないか」みたいな話に直結しているんじゃないですか？　発達障害っていうのは、他人に心があるのがわからないっていう病理とされているから。

大嶋　それを説明概念として使っちゃうことはどうなのかな。いろいろなつきあいを続けていくなかでやっぱり変化はしていくんですよ。確実に何かが起こってるって感じがするんですよ。相変わらず言葉は不自由なんだけども、やっぱり言葉は増えてる。ちょっとずつ増えてる。

上岡　だから「あなたがそこを切ると私も腕が痛くて上がらなくなる」「とても心配」って言い続けてあげたほうがいいのかもしれない。向こうはわけわからなくてきょとんとしても。

消え入りたい思い

大嶋　ルール違反をしたメンバーが、その後に身体を硬くしてブルブル震わせているのは、「出て行け」って言われると思っているからだろうなあ。

上岡　それは「人との関係性がすぐに切れる」っていつも感じてるから。

大嶋　関係性がすぐ切れるってことについては、みんな自信をもってますね。だから切れないことが続いていると逆にすごく不安みたい。切れないことがまず不安。これをやれば切れるんじゃないかっていうようなことやってみて、また不安。

上岡　私って自助グループのメンバーでもあるしダルクのメンバーでもあるから、人と仲よくなるのはうまいんだよね。ダルクなんかだと今日から突然一緒に暮らしたりするでしょ。だから私は人とその瞬間から仲よくなれるんだけど、信頼するのに八年くらいかかる（笑）。

——仲よくと信頼は違う？

上岡　全然違うんだよね。たとえばハウスで毎月理事会やってんだけど、理事が疲れた顔してるときにちょっと不機嫌に見える瞬間があるじゃない？　そのときに八年経ってる人だったら「仕事忙しかったんだ。身体の調子が悪いんじゃないか」って瞬時にわかるわけ。でも八年の手前だと、「私のこと嫌いでしょ」って思っちゃう。

私たちには敵か味方しかないのね。ほら、ニコイチだから。そうすると中立な人に会うと敵じゃないかって思ってしまう。何度も何度も確認しないとだめなの。だからつきあって三、四年のときがつらいのね。相手の人はそれだけつきあって一緒に仕事してるから信頼感あると思ってるじゃない。でも私のなかではまだ、その人の体調が少し悪いだけで怒ってるようにしか見えないのよ。

人は疲れたら不機嫌な顔もするし、いろんなことが起きるわけだけど、私にはそこが読み取れない瞬間があって、どうしても子どもっぽい「好きか嫌いか」とか、「敵か味方か」になっちゃう。

大嶋　それで相当動揺しちゃう。

上岡　こういう話するのも、ものすごく恥ずかしい。本当に消えてしまいたいって。今回フラッシュバックの話もずいぶんして、本当に消えてしまいたいって。

みんなもっとがんばって生きてるのに、私だけいつまでもうじゃうじゃしたこと言って申し訳ないってい うか、いたたまれなくなって本当に死にたくなっちゃうのね。まあこんなに経っても、この本書くために自分のこと見ていくと相当生きづらかったってことわかってくるじゃない？ でもそれと同時に「こんなことぐらいで大騒ぎしてごめん」っていう気持ちがフツフツとわき起こってくるんだよね。

大嶋　（笑）

上岡　もう本当に消え入りたい。このぐらいで生き延びられなくてすいません、みたいな。

大嶋　みんなよく「こんなことぐらいで」って言うよね。こんなことぐらいでギャーギャー言ってすいませんとか。こんなことくらいでまたトラブッちゃってごめんとか。そういうのはよく聞く。

――それはどうしてなんでしょう。客観的には大変すぎるような状況なのに。

上岡　「申し訳なさ」と「身体の痛み」がくっついてないんじゃないかな。もともとみんな解離して身体の痛みを消してるじゃない。恥ずかしさで消え入りたいって絶えず思ってるから自殺未遂なり何なりが起きるでしょ。そうするとまた申し訳ない、と。

人とのかかわり合いってのがないんだよね。本当に孤立してる。そういうことが起きるときって本人も孤立してるし、家族も孤立してることがあるから、二重に孤立している。どうにもならなくなって自傷とか依存症とかが出てくる。

大嶋　グルグル回ってる。

「あなたは悪くない」は難しい

上岡　そう。みんなグルグル。ただ、そのスパイラルに守られている面もあるんだよね。たとえば性虐待の話を相談すると、専門家から「あなたは悪くなかったのよ」って必ず言われるわけ。みんなそこで混乱してる。

大嶋　私が悪くないなら、なんであんなことが起こったんだろうって。

上岡　うん。それと、今まで「自分が悪い」という立場に立ってたのに、今度から立ち位置をどこにしようって。

——ああ、グルグルしながらどうにか生きてきたのに土台を切られたみたいな感じですか？

上岡　そう。悪者側に立ってきたのに、あなたが悪くないって言われるとどこに立っていいのかわかんなくなる。「先生に今日こういう話をしたら、あなたは悪くないって言われちゃって、いま私はどこにいるんでしょう」みたいにパニクられることがある。だから「大丈夫だよ」って。どこ立ったらいいんですかって言うから、「今までのところに立ってればいいよ」。え、いいんですかって言うから、「何も変わんないよ」って。そうすると、よかった〜って感じだよね。

だから自分のなかの整理がある程度できてこないと、このグルグルを取り去って立ち位置を変えることって難しいんだと思うんだよね。

大嶋　「あなたは悪くない」っていう言葉を、どのタイミングでどういう状況の人に投げかけるのかってことを考えないと、言葉だけが一人歩きしてしまうんだね。

上岡　グルグルすることで、心が空っぽになるのを埋めてる。グルグルがなくなっちゃったら何もない。仕事はないわ、男はひどいわ、もういろんなことやってるわ、ここでグルグルがなくなっちゃったら……。

大嶋　何もなくなっちゃう。前にうちのメンバーに「しばらくグルグルしてたらいいわ」って言ったの。そしたら「大嶋さんはみんなと先に行ってしまうんですね。私はそんなの嫌です。もうグルグルはやめます」って言った。その子は「グルグルをやりたくてやってんだな私」って思ったときに「このままじゃ置いてかれる」ってはじめて思えたんだね。まあ次の日、「やめたら何をしていいのかさっぱりわからないってことがわかりました」って言ってたけど（笑）。

上岡　はっと気づいて、次のものが見える感じがする。だから外側から見ると何も変わらないように見えるけど、実は変化はしてる。

大嶋　外側に見えてくる変化だけじゃなくって、使っている言葉がどう変わってきているか。たとえば行きづまったときの表現の仕方がどんなふうに変わってきているのかをよくよく見てほしいですね。言葉が変われば、とらえ方や感じ方が変わってったりするから。

——言葉が変わってきますか？

大嶋　変わってきます、すごく。何かを表すのに、たとえば手首切るとかの唐突な行動だけしかなかったんだけど、やがては短い言葉やフレーズのようなものは出てくるんですよ、まだ全部はつながらないんだけどね。

それから「ちょっと困ってる」っていう言葉も出てくる。あと、「気になっている」ということがこちらにもわかってくる。「大嶋さん、いつ電話くれるのかなあ」とかね。前はそんなこと全然言わなかったんですよ。もう一人のスタッフが「話したいの？」って聞くと、「いや」って言うんですがね（笑）。でも気になってるみたいです。

――テレパシーじゃないやり方で伝わるようになったんですね。

大嶋　そういうふうに「気になってるみたいだ」っていうことがスタッフからわかるようになってきたのが、すごく違うんですよね。前は彼女たちのなかで何が起こってるのか私たちにはまったくわからなかった。だから次に何が起こるかわからない。次に何が起こるかわからないからスタッフはいつも緊張するでしょ。そうするといつも彼女たちを目で追うことになって、彼女たちのほうも「なんか見られてる！」って。そういう悪循環ね。それが「困ってる」とか「戸惑ってる」っていうのがわかるようになってくると楽ですね。

失望する必要はない

上岡　みんなの回復ってとてもゆっくりですよ。「テレパシーでは伝わらないから、人には言わなきゃいけないんだ」とか、「迷惑とか怒るんじゃなくて、自分がつらい思いをしてるときに他人も痛いと感じるんだ」とか学んでいくじゃない？　いろいろ経験も積まなきゃいけないわけです。その過程で薬を使っちゃったり、刑務所に行っちゃったりすることもよくあるんだよね。

大嶋　突然、自分の前からいなくなっちゃったり。

上岡　あるいは万引きがやっぱり止まらなくて、タイミングが悪いと刑務所に行ったりする。そうするとまわりの援助者たちは「なぜ刑務所に行かせちゃったんだろう」って自責感に駆られる。私も昔はそう思ってたんだけど、さっきの図2でいう前期で介入がなかったり本当に家族のサポートがない場合なら、中期に刑務所に行くのってあり《ヽヽ》だと今は思ってるの。刑務所はできれば行かないほうがいいかもしれないけど、自殺してしまったりとか、すごく危険な男性とのつきあいがあってひどい暴力に出会うようなことと比べたら、刑務所で三〇代後半くらいまで生きるのは悪くないって思ってる。

何度も刑務所行くような人たちは知的障害があるか精神障害があるか、重いトラウマがあって家族がいないって人たちだよね。だから刑務所は実は福祉施設みたいになっていて、文字どおりその中で本当に身を守ってもらっている。ご飯をきちんと食べて、朝起きて寝て、そして作業を教えてもらって。とても一生懸命やってる刑務官の人たちがいて、そこで生き延びるってのも悪くないってこのごろ思うのよ。

援助者の人たちはみんな刑務所には行かせたくないと思って、「自分が何かできなかったのか」って思うかもしれないけど、そんなことはない。だけどそんなときでも、ダルクに行きなさいとか、自助グループ行ってごらんなさいとか、それから自分の話をどこかで話してごらんなさいっていう情報を教えてあげてほしい。誰もかかわらないままに「犯罪だけの人」になっちゃったらすごくかわいそうだからね。もちろん刑務所が福祉施設化していることの問題、もっときちんとした治療の方向性はないのかっていうくやしい気持ちはあるけど……。

援助者の人も大変な人と出会って消耗しちゃうんだけど、それは外側にネットワークをつくるような形で対処してほしいの。

大嶋　援助者のほうがネットワークをつくるのね。

上岡　そう、援助者の人が。そこで「こんな大変な人に会って、私はつらかった」っていうような話をお互いがしてほしいって思うんだよね。

大嶋　このあいだ保護司の人と会って、たまたま以前うちに入所してた人の話になったんです。その人の簡単な近況を伝えたらびっくりしてね、「生きてらっしゃるんですか?!」って。「いやー、あの時期に月一回面接してたけど、この人は施設を出たあと一体どうなるんだろう、もしかしたら命がないのかもしれないぐらいに思ってました」と言ってました。

保護司さんはやっぱり、社会のなかに戻っていってその人たちがどんなふうに暮らしてるかってなかなか知り得ないじゃないですか。でも幸い、変化する時期にその人と出会うことができる援助者の人たちは、よくなったら——よくならなくてもいいんだけど——とりあえず生き延びてる人たちが、過去にかかわってくださったたくさんの人たちと出会える機会があったらいいなと思います。なんかね、「この人が今こんなふうに生きてる」と伝えるのはすごく大事なことだって思う。

上岡　彼女たちもいろいろなところを転々とすることで社会性が出てくるんですよ。「転々としてました」って言うと一見失敗してるように見えるんだけど、でも本当にいろんな施設を知ってる奴いるの、私以上に（笑）。

大嶋　日本全国津々浦々ね。

上岡　やっぱりちっちゃいころに社会性がないと、そういう形でしか社会性をもてないっていうこともあるんだよね。

大嶋　まあ、そうやって社会化していったり、成熟していくね。ゆっくり大人になっていきますわ。

上岡　だから援助でうまくいかなかったとか、急に消えちゃったとか、自分のところで大きなリストカットしたっていうときにもがっかりしないでほしい。だいたい自殺未遂は、関係ができてきたときにやるからね。私も「はじめて人を信頼できるようになりました」って言ったあとに、すぐに自殺未遂されたことがあるから。こっちは「どういうこと!?」って思うけどね。今ならね、「きっと動揺しちゃったんだな」って思う。はじめて血肉の通った、温かさが伝わるような人間関係と出会ったんだねって。

大嶋　怖くなるんですよ。

上岡　そう、怖くなる。それでオーバードースしちゃう。

大嶋　やっぱり「得る」という体験が乏しいと、失うんじゃないかって思うとすごい怖いですよね。関係は変わらないものなんだって、わかってないから。

上岡　「何があっても関係が変わらない」なんて、もうびっくりだよね。

大嶋　だけど関係が変わらないと思い込んでるのもあんまり根拠ないよね。どうしてみんな思ってるんだろう（笑）。

上岡　人との関係って、コアな関係があったらあんまりほかに必要ないじゃない？　とりあえずコアな関係が安定しているとするとほかがすごく揺らいだとしても、とりあえず居場所ってあるじゃない。だけどももともとのコアな関係が全然ないと、どうしても外側に対していつも過剰に親切にしたりする。そして「この人とうまくいかないってことは私の人間関係は全部だめ」って思っちゃう。

――なるほど。多くの人は知らずにそういうコアな関係に守られているんですね……。最後に上岡さん、一言お願いできますか。

とにかく生き延びろ！

上岡　私が薬物依存とアルコール依存と摂食障害を生きてきて振り返ったときに、やっぱりプロセスが大切だった気がするわけ。

私は二六まではとても失敗してたんだけど、でも「めちゃくちゃな私」になることで、実は何かから解放されてるような時期でもあったわけね。それから一生懸命いろんなことをやってきた。強迫もなかなか取れないし、緊張するところに行ったあとに解離して自分がどこにいるかわかんないなんてことがしょっちゅう起きてたんだけど、仲間から教わった知恵で対応して生きてきた。

一見長くやめてるとエライって私自身もまわりも思うけど、でも私は振り返ったときに思うのは、失敗しようが何しようが「そういう方向を向いて歩いてきた」というプロセス自体が大切なんだって思うようになった。

私、強迫が相当激しいのよね。居ても立ってもいられないとか、ストレスを感じたときに知らずに解離をしたりする。そうすると頭がすごく重くてだるくてみたいなことが肉体的に起きてくるから、対応策としていっぱい食べちゃったり、気付いたらたくさん買っちゃったりとかね。それから、それに慌てていろんな人に電話しちゃったりとか、今でも相当パニクってるんだよね。

だけどそれが継続のなかにあるっていうか、失敗しても「いつもそっちの方向を向いていた」ことがよかったかなって思ってるんだよね。一足飛びに「依存症からの回復」っていうのではなかった気がするんだよね。

だからみんなに言いたいのは、とにかく生きててほしいってことです。何があってもね。使える手段は全部使って、あきらめずにとにかく生き延びろって。そしてやっぱりひどいことにあったり、ひどい男に会ったりして刑務所行ったりしちゃうかもしれないけどさ、いろいろなものに出会ってってほしいなって思うわけ。……とにかく生き延びろって。そして、生き延びたとまわりに伝えてほしい。

あとがき

この本をつくろうと思ったのは、私の周りにいる「不思議な人たち」に何が起きているのかを説明したかったからです。

少しずつ自分の考えをまとめはじめたころ、二〇〇人のアル中のおじさんに話をする機会がありました。とりあえず第1章にある「私たちはなぜ寂しいのか」の原型になるような話をしてみたら、お昼休み明けの眠い時間でふつうは寝てしまっているはずのおじさんたちの目が覚めた。一時に話をはじめて二時一〇分に話が終わったときには、机の隣の人同士で「俺はね……」とか「僕はね……」と、いっせいに「自分は」という話をはじめたのです。

その後、ギャンブルやアルコールや薬物の人だけでなく、その家族の人、あるいは保護司とかソーシャルワーカーなど援助職の人たち、さらに大学で学生たちに話すと、彼らは「私もすごくよくわかります」「自分の家族のこと考えました」と言い、やがて「私はね……」って自分のことを話し出してくれました。

　そして不思議なことに、彼らの話を聞いているうちに私自身にも、「なぜ私たちが寂しかったのか」の輪郭がだんだんはっきり見えてきました。


　この本をつくるのはほんとうに大変でした。一昨年（二〇〇八年）の末ごろ、フラッシュバックのことを書かなければならなかったので、もう一回勉強をはじめました。他人にフラッシュバックのことを聞いたらその人が危なくなるから、自分の体験で書こうと思ったわけです。それで自分にどう起きていたのかとひとりで当事者研究をしていたら、今度は自分がフラッシュバックに襲われてしまって……。それから数か月はつらかった。こんなちっちゃいことを気にしてはいけないとか、いろいろ自分に言い聞かせたけれど、どうしようもなくなってしまいました。

　それは、子どものころの自分と小児科医との関係にかかわる話です。本文にも書きましたが、私はぜんそく持ちで、子どものころはずっと入院生活を送ってきました。その病院には大好きな先生がいたのですが、私の友達が亡くなってからその小児科医の人格が変わってしまいました。とてもやさしくて子どもと遊ぶのが大好きだった先生が、自分の担当の子どもが死ぬことによって豹変する。イライラして、怒りっぽくなって、子どもたちに「寝ろっ！」って怒鳴り、看護師を叱り飛ばし、別の医者の悪口を言い……。

　それはすごかった。たぶんその小児科医は悲しみの真っ最中だったのでしょうが、子どもの目には恐ろしいばかりでした。「人の死というものは、あのように人格まですっかり変えてしまうんだ」

と、中一前半の私の胸に深く刻みつけられました。私はそのあと一六歳のときにも友達を亡くすのですが、そのときのことと、この中一の体験がそっくりそのまま残っている。そのときの気持ちのままなんです。

どうしようもなく苦しくなって友人の精神科医に相談したら、「もしかしたらその人、悲しみを乗り越えてすごいいい小児科医になってるかもしれないよ」と言われました。私たちは、○○先生だったはず、とずっとネットで探しました。結局見つからなかったのですが、ふたりで探しているうちにだんだん自分のなかで、「あぁ、あれは悲しんでいたから、ああいうふうに大変だったんだなぁ」と思えてきたのです。

やっぱりトラウマって、記憶の年齢のままなんです。だからみんな、いくつになっても同じようなことが起きたときに逃げられない。親からどんなに暴力をふるわれていても、「オマエを助けられるのは俺だけだ」と小さいころからずっと言われているから、自分の家族以外に自分を助けられる人はいないと思わされてきている。

だから、「それは違う！」って誰かが強く言ってあげないといけない。あるいは自分たちでその魔法を解かないと生きていけない。

その魔法を解くために、私は長い時間をかけて、みんなと一緒に話しながら「当事者研究」をしてきたわけです。その成果をまとめたのがこの本です。

さて、どうにかしてこうやって本になったわけですが……。ゲラで活字になったものをひとりで読んでいたら、再び「小さなことを大げさに語ってしまった」と責める気持ちがわき上がってきました。仲間には、「生き延びて大変だったね」とか「サバイバルしてるね」って褒めているのに、自分がちょっと語ったり話したりしただけで、大げさで、嘘をついてる感じがしてくるんです。

今あらためて思うのですが、やっぱり私は、依存症が「病気」だなんて思えていないんですね。自分が悪かったから、自分の人格のせいで依存症になったと深く思っている。他の人と、他の人との語りのなかにいるからこそ、自分のことが病気だから仕方がないって思えるけれど、ひとりになって、ひとりでこの現実を受け入れたら、やっぱり私のなかで申し訳なさとか恥の感じが湧き出てくる。

変な言い方に聞こえるかもしれませんが、だから出版することにしました。世に出してしまえば、ひとりで読んでいるわけにはいきませんから。私たちには何より報告する相手が必要なのです。

この本が、ひとりでも多くの仲間に読んでもらえることを祈っています。

＊

世界中の自助グループの仲間にありがとう。私が自助グループにつながったのは、二六年前でした。私は本当に絶望していました。自分を愛せるようになるまで、私の代わりに私を愛してくれてありがとう。

永野潔先生、宮本真巳さん、小宮敬子さん、三井富美代さん、須賀一郎さんをはじめダルク女性ハウスの理事のみなさん、二〇年の長い歳月をともに生きてくださってありがとう。これから老後を一緒に楽しみましょう。安高真弓さん、西村直之さんには、言葉を探す旅に参加してくれてありがとう。

私がどん底の時代に「こころざしと心意気」が人生を豊かに生きるコツだと教えてくれた、田中美津さん、信田さよ子さん、平川和子さんには深い感謝の気持ちでいっぱいです。宮地尚子さんもありがとう。これからも一緒に「燃え尽き」の当事者研究をしましょう。家族機能研究所のスタッフのみなさん、斎藤学先生、長いあいだ関わらせてくださってありがとうございます。

仲間の話を聞きすぎて男性不信になってしまった私のサンドバッグになってくれた夫には「ごめんなさい」を。これからは大切にします。「僕の悩みは母が朝起きれないことです」と嘆く息子にも、いつもありがとう。これからも朝は起きられません、ごめん。

医学書院の白石正明さんがいなかったら、この本は存在しませんでした。声にならない声を聞き取り、一見まったく関係ない事柄に共通するものを見つける能力で、これからも日の当たらないところにいる人たちの本をつくりつづけてください。白石さんと私に共通するのは忘れ物の多さです。ははははは、うれしい、同じだ。「会社はデイケア」と公言している『精神看護』編集担当の石川誠子さんも本当にありがとう。あなたの感性のおかげで私は、この本のもとになった不定期連載を続けることができました。

ダルク女性ハウスのメンバーとスタッフのみなさん、いつも迷惑をかけてごめんなさい。自分たちらしさを大切にしていくと、これから先も資金難からは抜けられないかもしれないけれど、一緒に不器用に生きていこうね。川端知江さんが、「ハルエさん、文章に残そうよ」と手伝ってくれなかったら、記録はなく、考えを整理することもなく終わっていたでしょう。本当にありがとう。

地元の荒川区の友達たち、何度も「ハウスをやめる！」と言うたびに止めてくれてありがとう。

人生の前半で私とほとんど口をきかなかった父、それを支えていた母、いつも私を信じてくれていた弟、私の体を心配してくれている義妹には、小さいころから病気で何度も死にそうになり依存症にまでなった私を見捨てないでくれてありがとう。

あるパーティ会場で「ハルエさんのやってきたこと、生きている智恵を、ぜひ本にまとめよう」と大嶋栄子さんが言ってくれてから五年以上経ちました。大嶋さんの粘り強さがなかったら、この本も日の目を見ることはなかったでしょう。本当に本当にありがとう！

最後に、まだ苦しんでいる仲間へ。

一分間だけ気分が変わることをしましょう。ストレッチ、アロマ、足湯、空を見る、ミルクを飲む、木を抱く、花の香りをかぐ、月を見る……。私はその一分間の組み合わせで、とりあえず生き延びている気がします。明けない夜明けはありません。

上岡陽江

二〇一〇年盛夏

著者紹介

上岡陽江（かみおか・はるえ）

ダルク女性ハウス代表。1957年生まれ。子どものころから重度のぜんそくで、小学6年から中学3年まで入院生活を送る。そのなかで処方薬依存と摂食障害になり、19歳からはアルコール依存症を併発。27歳から回復プログラムにつながった。1991年に友人と2人で、薬物・アルコール依存をもつ女性をサポートするダルク女性ハウスを設立。2003年に精神保健福祉士資格を取得。著書に、『ハームリダクションとは何か』（共著、中外医学社)、『加害と被害をとらえなおす』(共著、春秋社)、『ひとりでがんばってしまうあなたのための子育ての本』（共著、ジャパンマシニスト社)、『増補新版 生きのびるための犯《み》罪《ち》』（よりみちパン！セ、新曜社）などがある。

大嶋栄子（おおしま・えいこ）

NPO法人リカバリー代表。1958年生まれ。北星学園大学大学院社会福祉学研究科博士後期課程単位取得退学。博士(社会福祉学)。精神科ソーシャルワーカーを経て、2002年に被害体験を有する女性の福祉的支援を行う「それいゆ」を立ち上げる。NPO法人リカバリーとして認証され、現在4か所の施設を運営。主な著書に、『“嵐”のあとを生きる人たち』（リカバリー）、『生き延びるためのアディクション』（金剛出版、日本社会福祉学会賞奨励賞受賞）、『ジェンダーからソーシャルワークを問う』（編著、ヘウレーカ）、『あたらしいジェンダースタディーズ』（臨床心理学増刊15号、金剛出版）などがある。

■第1章は『精神看護』2008年7月号、第2章は2009年5月号、第3章は2008年3月号に掲載したものに大幅に加筆した。それ以外は書き下ろし。

シリーズ
ケアをひらく

その後の不自由――「嵐」のあとを生きる人たち

発行　2010年9月1日　第1版第1刷©
2024年7月15日　第1版第9刷

著者　上岡陽江＋大嶋栄子

編集協力　ダルク女性ハウス＋川端知江

発行者　株式会社　医学書院
代表取締役　金原 俊
〒113-8719　東京都文京区本郷1-28-23
電話 03-3817-5600（社内案内）

印刷・製本　アイワード
装幀・図版・イラスト　加藤愛子（オフィスキントン）

ISBN978-4-260-01187-7

テキストデータ引換券
その後の不自由

◎本書のテキストデータを提供します。
視覚障害、読字障害、上肢障害などの理由で本書をお読みになれない方には、電子データを提供いたします。
・200円切手
・左のテキストデータ引換券（コピー不可）
　を同封のうえ、メールアドレスを明記して下記までお申し込みください。
［宛先］
〒113-8719 東京都文京区本郷1-28-23
医学書院看護出版部 テキストデータ係

シリーズ ケアをひらく ❶

第73回
毎日出版文化賞受賞！
［企画部門］

ケア学：越境するケアへ●広井良典●2300円●ケアの多様性を一望する——どの学問分野の窓から見ても、〈ケア〉の姿はいつもそのフレームをはみ出している。医学・看護学・社会福祉学・哲学・宗教学・経済・制度等々のタテワリ性をとことん排して〝越境〟しよう。その跳躍力なしにケアの豊かさはとらえられない。刺激に満ちた論考は、時代を境界線引きからクロスオーバーへと導く。

気持ちのいい看護●宮子あずさ●2100円●患者さんが気持ちいいと、看護師も気持ちいい、か？——「これまであえて避けてきた部分に踏み込んで、看護について言語化したい」という著者の意欲作。〈看護を語る〉ブームへの違和感を語り、看護師はなぜ尊大に見えるのかを考察し、専門性志向の底の浅さに思いをめぐらす。夜勤明けの頭で考えた「アケのケア論」！

感情と看護：人とのかかわりを職業とすることの意味●武井麻子●2400円●看護師はなぜ疲れるのか——「巻き込まれずに共感せよ」「怒ってはいけない！」「うんざりするな!!」。看護はなにより感情労働だ。どう感じるべきかが強制され、やがて自分の気持ちさえ見えなくなってくる。隠され、貶められ、ないものとされてきた〈感情〉をキーワードに、「看護とは何か」を縦横に論じた記念碑的論考。

あなたの知らない「家族」：遺された者の口からこぼれ落ちる13の物語●柳原清子●2000円●それはケアだろうか——幼子を亡くした親、夫を亡くした妻、母親を亡くした少女たちは、佇む看護師の前で、やがて「その人」のことを語りはじめる。ためらいがちな口と、傾けられた耳によって紡ぎだされた物語は、語る人を語り、聴く人を語り、誰も知らない家族を語る。

病んだ家族、散乱した室内：援助者にとっての不全感と困惑について●春日武彦●2200円●善意だけでは通用しない—— 一筋縄ではいかない家族の前で、われわれ援助者は何を頼りに仕事をすればいいのか。罪悪感や無力感にとらわれないためには、どんな「覚悟とテクニック」が必要なのか。空疎な建前論や偽善めいた原則論の一切を排し、「ああ、そうだったのか」と腑に落ちる発想に満ちた話題の書。

下記価格は本体価格です。

本シリーズでは、「科学性」「専門性」「主体性」
といったことばだけでは語りきれない地点から
《ケア》の世界を探ります。

べてるの家の「非」援助論：そのままでいいと思えるための25章●浦河べてるの家●2000円●それで順調！———「幻覚＆妄想大会」「偏見・差別歓迎集会」という珍妙なイベント。「諦めが肝心」「安心してサボれる会社づくり」という脱力系キャッチフレーズ群。それでいて年商1億円、年間見学者2000人。医療福祉領域を超えて圧倒的な注目を浴びる〈べてるの家〉の、右肩下がりの援助論！

物語としてのケア：ナラティヴ・アプローチの世界へ●野口裕二●2200円●「ナラティヴ」の時代へ———「語り」「物語」を意味するナラティヴ。人文科学領域で衝撃を与えつづけているこの言葉は、ついに臨床の風景さえ一変させた。「精神論 vs. 技術論」「主観主義 vs. 客観主義」「ケア vs. キュア」という二項対立の呪縛を超えて、臨床の物語論的転回はどこまで行くのか。

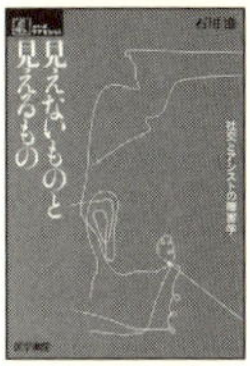

見えないものと見えるもの：社交とアシストの障害学●石川准●2000円●だから障害学はおもしろい———自由と配慮がなければ生きられない。社交とアシストがなければつながらない。社会学者にしてプログラマ、全知にして全盲、強気にして気弱、感情的な合理主義者……〝いつも二つある〟著者が冷静と情熱のあいだで書き下ろした、つながるための障害学。

死と身体：コミュニケーションの磁場●内田 樹●2000円●人間は、死んだ者とも語り合うことができる———〈ことば〉の通じない世界にある「死」と「身体」こそが、人をコミュニケーションへと駆り立てる。なんという腑に落ちる逆説！「誰もが感じていて、誰も言わなかったことを、誰にでもわかるように語る」著者の、教科書には絶対に出ていないコミュニケーション論。読んだ後、猫にもあいさつしたくなります。

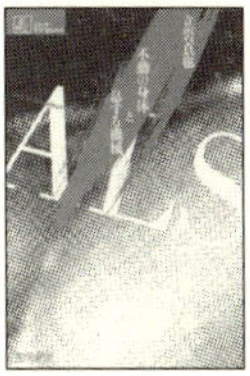

ALS 不動の身体と息する機械●立岩真也●2800円●それでも生きたほうがよい、となぜ言えるのか———ALS当事者の語りを渉猟し、「生きろと言えない生命倫理」の浅薄さを徹底的に暴き出す。人工呼吸器と人がいれば生きることができると言う本。「質のわるい生」に代わるべきは「質のよい生」であって「美しい死」ではない、という当たり前のことに気づく本。

べてるの家の「当事者研究」●浦河べてるの家●2000円●研究？ ワクワクするなあ―――べてるの家で「研究」がはじまった。心の中を見つめたり、反省したり……なんてやつじゃない。どうにもならない自分を、他人事のように考えてみる。仲間と一緒に笑いながら眺めてみる。やればやるほど元気になってくる、不思議な研究。合い言葉は「自分自身で、共に」。そして「無反省でいこう！」

ケアってなんだろう●小澤勲編著●2000円●「技術としてのやさしさ」を探る七人との対話―――「ケアの境界」にいる専門家、作家、若手研究者らが、精神科医・小澤勲氏に「ケアってなんだ？」と迫り聴く。「ほんのいっときでも憩える椅子を差し出す」のがケアだと言い切れる人の《強さとやさしさ》はどこから来るのか―――。感情労働が知的労働に変換されるスリリングな一瞬！

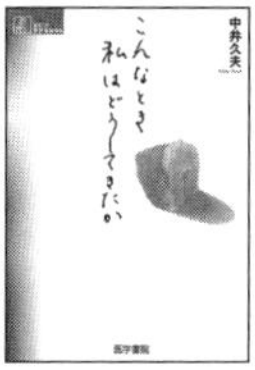

こんなとき私はどうしてきたか●中井久夫●2000円●「希望を失わない」とはどういうことか―――はじめて患者さんと出会ったとき、暴力をふるわれそうになったとき、退院が近づいてきたとき、私はどんな言葉をかけ、どう振る舞ってきたか。当代きっての臨床家であり達意の文章家として知られる著者渾身の一冊。ここまで具体的で美しいアドバイスが、かつてあっただろうか。

発達障害当事者研究：ゆっくりていねいにつながりたい●綾屋紗月＋熊谷晋一郎●2000円●あふれる刺激、ほどける私―――なぜ空腹がわからないのか、なぜ看板が話しかけてくるのか。外部からは「感覚過敏」「こだわりが強い」としか見えない発達障害の世界を、アスペルガー症候群当事者が、脳性まひの共著者と探る。「過剰」の苦しみは身体に来ることを発見した画期的研究！

ニーズ中心の福祉社会へ：当事者主権の次世代福祉戦略●上野千鶴子＋中西正司編●2200円●社会改革のためのデザイン！ ビジョン!! アクション!!!―――「こうあってほしい」という構想力をもったとき、人はニーズを知り、当事者になる。「当事者ニーズ」をキーワードに、研究者とアクティビストたちが「ニーズ中心の福祉社会」への具体的シナリオを提示する。

コーダの世界：手話の文化と声の文化●澁谷智子● 2000円●生まれながらのバイリンガル?———コーダとは聞こえない親をもつ聞こえる子どもたち。「ろう文化」と「聴文化」のハイブリッドである彼らの日常は驚きに満ちている。親が振り向いてから泣く赤ちゃん？ じっと見つめすぎて誤解される若い女性？ 手話が「言語」であり「文化」であると心から納得できる刮目のコミュニケーション論。

技法以前：べてるの家のつくりかた●向谷地生良● 2000円●私は何をしてこなかったか———「幻覚&妄想大会」をはじめとする掟破りのイベントはどんな思考回路から生まれたのか？ べてるの家のような〝場〞をつくるには、専門家はどう振る舞えばよいのか？「当事者の時代」に専門家にできることを明らかにした、かつてない実践的「非」援助論。べてるの家スタッフ用「虎の巻」、大公開！

逝かない身体：ALS的日常を生きる●川口有美子● 2000円●即物的に、植物的に——言葉と動きを封じられたALS患者の意思は、身体から探るしかない。ロックトイン・シンドロームを経て亡くなった著者の母を支えたのは、「同情より人工呼吸器」「傾聴より身体の微調整」という究極の身体ケアだった。重力に抗して生き続けた母の「植物的な生」を身体ごと肯定した圧倒的記録。

第41回大宅壮一ノンフィクション賞受賞作

リハビリの夜●熊谷晋一郎● 2000円●痛いのは困る——現役の小児科医にして脳性まひ当事者である著者は、《他者》や《モノ》との身体接触をたよりに、「官能的」にみずからの運動をつくりあげてきた。少年期のリハビリキャンプにおける過酷で耽美な体験、初めて電動車いすに乗ったときの時間と空間が立ち上がるめくるめく感覚などを、全身全霊で語り尽くした驚愕の書。

第9回新潮ドキュメント賞受賞作

その後の不自由●上岡陽江＋大嶋栄子● 2000円●〝ちょっと寂しい〞がちょうどいい——トラウマティックな事件があった後も、専門家がやって来て去っていった後も、当事者たちの生は続く。しかし彼らはなぜ「日常」そのものにつまずいてしまうのか。なぜ援助者を振り回してしまうのか。そんな「不思議な人たち」の生態を、薬物依存の当事者が身を削って書き記した当事者研究の最前線！

第2回日本医学ジャーナリスト協会賞受賞作

驚きの介護民俗学●六車由実●2000円●語りの森へ——気鋭の民俗学者は、あるとき大学をやめ、老人ホームで働きはじめる。そこで流しのバイオリン弾き、蚕の鑑別嬢、郵便局の電話交換手ら、「忘れられた日本人」たちの語りに身を委ねていると、やがて新しい世界が開けてきた……。「事実を聞く」という行為がなぜ人を力づけるのか。聞き書きの圧倒的な可能性を活写し、高齢者ケアを革新する。

ソローニュの森●田村尚子●2600円●ケアの感触、曖昧な日常——思想家ガタリが終生関わったことで知られるラ・ボルド精神病院。一人の日本人女性の震える眼が掬い取ったのは、「フランスのべてるの家」ともいうべき、患者とスタッフの間を流れる緩やかな時間だった。ルポやドキュメンタリーとは一線を画した、ページをめくるたびに深呼吸ができる写真とエッセイ。B5変型版。

弱いロボット●岡田美智男●2000円●とりあえずの一歩を支えるために——挨拶をしたり、おしゃべりをしたり、散歩をしたり。そんな「なにげない行為」ができるロボットは作れるか? この難題に著者は、ちょっと無責任で他力本願なロボットを提案する。日常生活動作を規定している「賭けと受け」の関係を明るみに出し、ケアをすることの意味を深いところで肯定してくれる異色作!

当事者研究の研究●石原孝二編●2000円●で、当事者研究って何だ?——専門職・研究者の間でも一般名称として使われるようになってきた当事者研究。それは、客観性を装った「科学研究」とも違うし、切々たる「自分語り」とも違うし、勇ましい「運動」とも違う。本書は哲学や教育学、あるいは科学論と交差させながら、“自分の問題を他人事のように扱う”当事者研究の圧倒的な感染力の秘密を探る。

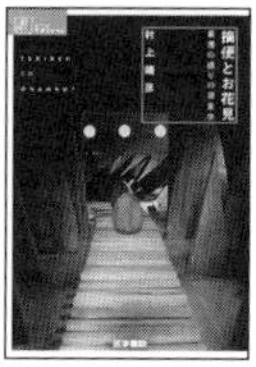

摘便とお花見：看護の語りの現象学●村上靖彦●2000円●とるにたらない日常を、看護師はなぜ目に焼き付けようとするのか——看護という「人間の可能性の限界」を拡張する営みに吸い寄せられた気鋭の現象学者は、共感あふれるインタビューと冷徹な分析によって、その不思議な時間構造をあぶり出した。巻末には圧倒的なインタビュー論を付す。看護行為の言語化に資する驚愕の一冊。

坂口恭平躁鬱日記●坂口恭平●1800円●僕は治ることを諦めて、「坂口恭平」を操縦することにした。家族とともに。——マスコミを席巻するきらびやかな才能の奔出は、「躁」のなせる業でもある。「鬱」期には強固な自殺願望に苛まれ外出もおぼつかない。この病に悩まされてきた著者は、あるとき「治療から操縦へ」という方針に転換した。その成果やいかに！　涙と笑いと感動の当事者研究。

カウンセラーは何を見ているか●信田さよ子●2000円●傾聴？ ふっ。——「聞く力」はもちろん大切。しかしプロなら、あたかも素人のように好奇心を全開にして、相手を見る。そうでなければ〈強制〉と〈自己選択〉を両立させることはできない。若き日の精神科病院体験を経て、開業カウンセラーの第一人者になった著者が、「見て、聞いて、引き受けて、踏み込む」ノウハウを一挙公開！

クレイジー・イン・ジャパン：べてるの家のエスノグラフィ●中村かれん●2200円●日本の端の、世界の真ん中。——インドネシアで生まれ、オーストラリアで育ち、イェール大学で教える医療人類学者が、べてるの家に辿り着いた。7か月以上にも及ぶ住み込み。10年近くにわたって断続的に行われたフィールドワーク。べてるの「感動」と「変貌」を、かつてない文脈で発見した傑作エスノグラフィ。付録DVD「Bethel」は必見の名作！

漢方水先案内：医学の東へ●津田篤太郎●2000円●漢方ならなんとかなるんじゃないか?—— 原因がはっきりせず成果もあがらない「ベタなぎ漂流」に追い込まれたらどうするか。病気に対抗する生体のパターンは決まっているならば、「生体をアシスト」という方法があるじゃないか！　万策尽きた最先端の臨床医がたどり着いたのは、キュアとケアの合流地点だった。それが漢方。

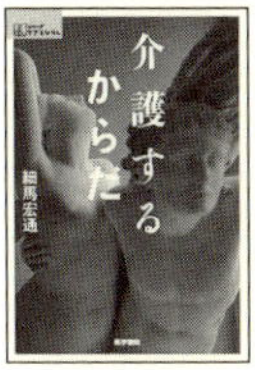

介護するからだ●細馬宏通●2000円●あの人はなぜ「できる」のか?—— 目利きで知られる人間行動学者が、ベテランワーカーの神対応をビデオで分析してみると……、そこには言語以前に〝かしこい身体〟があった！　ケアの現場が、ありえないほど複雑な相互作用の場であることが分かる「驚き」と「発見」の書。マニュアルがなぜ現場で役に立たないのか、そしてどうすればうまく行くのかがよーく分かります。

第 16 回小林秀雄賞
受賞作
紀伊國屋じんぶん大賞
2018 受賞作

中動態の世界：意志と責任の考古学●國分功一郎●2000 円●「する」と「される」の外側へ——強制はないが自発的でもなく、自発的ではないが同意している。こうした事態はなぜ言葉にしにくいのか？ なぜそれが「曖昧」にしか感じられないのか？ 語る言葉がないからか？ それ以前に、私たちの思考を条件付けている「文法」の問題なのか？ ケア論にかつてないパースペクティヴを切り開く画期的論考！

どもる体●伊藤亜紗●2000 円●しゃべれるほうが、変。——話そうとすると最初の言葉を繰り返してしまう(＝連発という名のバグ)。それを避けようとすると言葉自体が出なくなる(＝難発という名のフリーズ)。吃音とは、言葉が肉体に拒否されている状態だ。しかし、なぜ歌っているときにはどもらないのか？ 徹底した観察とインタビューで吃音という「謎」に迫った、誰も見たことのない身体論！

異なり記念日●齋藤陽道●2000 円●手と目で「看る」とはどういうことか——「聞こえる家族」に生まれたろう者の僕と、「ろう家族」に生まれたろう者の妻。ふたりの間に、聞こえる子どもがやってきた。身体と文化を異にする 3 人は、言葉の前にまなざしを交わし、慰めの前に手触りを送る。見る、聞く、話す、触れることの〈歓び〉とともに。ケアが発生する現場からの感動的な実況報告。

在宅無限大：訪問看護師がみた生と死●村上靖彦●2000 円●「普通に死ぬ」を再発明する——病院によって大きく変えられた「死」は、いま再びその姿を変えている。先端医療が組み込まれた「家」という未曾有の環境のなかで、訪問看護師たちが地道に「再発明」したものなのだ。著者は並外れた知的肺活量で、訪問看護師の語りを生け捕りにし、看護が本来持っているポテンシャルを言語化する。

第 19 回大佛次郎論壇賞
受賞作
紀伊國屋じんぶん大賞
2020 受賞作

居るのはつらいよ：ケアとセラピーについての覚書●東畑開人●2000 円●「ただ居るだけ」vs.「それでいいのか」——京大出の心理学ハカセは悪戦苦闘の職探しの末、沖縄の精神科デイケア施設に職を得た。しかし勇躍飛び込んだそこは、あらゆる価値が反転する「ふしぎの国」だった。ケアとセラピーの価値について究極まで考え抜かれた、涙あり笑いあり出血(！)ありの大感動スペクタル学術書！

誤作動する脳●樋口直美● 2000円●「時間という一本のロープにたくさんの写真がぶら下がっている。それをたぐり寄せて思い出をつかもうとしても、私にはそのロープがない」――ケアの拠り所となるのは、体験した世界を正確に表現したこうした言葉ではないだろうか。「レビー小体型認知症」と診断された女性が、幻視、幻臭、幻聴など五感の変調を抱えながら達成した圧倒的な当事者研究!

「脳コワさん」支援ガイド●鈴木大介●2000円●脳がコワれたら、「困りごと」はみな同じ。――会話がうまくできない、雑踏が歩けない、突然キレる、すぐに疲れる……。病名や受傷経緯は違っていても結局みんな「脳の情報処理」で苦しんでいる。だから脳を「楽」にすることが日常を取り戻す第一歩だ。疾患を超えた「困りごと」に着目する当事者学が花開く、読んで納得の超実践的ガイド!

第9回日本医学ジャーナリスト協会賞受賞作

食べることと出すこと●頭木弘樹● 2000円●食べて出せればOKだ!(けど、それが難しい……。)――潰瘍性大腸炎という難病に襲われた著者は、食事と排泄という「当たり前」が当たり前でなくなった。IVHでも癒やせない顎や舌の飢餓感とは? 便の海に茫然と立っているときに、看護師から雑巾を手渡されたときの気分は? 切実さの狭間に漂う不思議なユーモアが、何が「ケア」なのかを教えてくれる。

やってくる●郡司ペギオ幸夫● 2000円●「日常」というアメイジング!――私たちの「現実」は、外部からやってくるものによってギリギリ実現されている。だから日々の生活は、何かを為すためのスタート地点ではない。それこそが奇跡的な達成であり、体を張って実現すべきものなんだ! ケアという「小さき行為」の奥底に眠る過激な思想を、素手で取り出してみせる圧倒的な知性。

みんな水の中●横道 誠● 2000円●脳の多様性とはこのことか!――ASD(自閉スペクトラム症)とADHD(注意欠如・多動症)と診断された大学教員は、彼を取り囲む世界の不思議を語りはじめた。何もかもがゆらめき、ぼんやりとしか聞こえない水の中で、〈地獄行きのタイムマシン〉に乗せられる。そんな彼を救ってくれたのは文学と芸術、そして仲間だった。赤裸々、かつちょっと乗り切れないユーモアの日々。

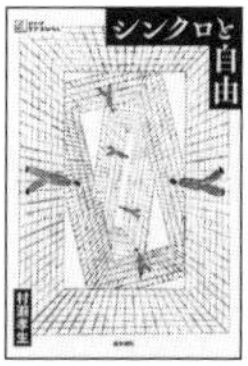

シンクロと自由●村瀬孝生●2000円●介護現場から「自由」を更新する――「こんな老人ホームなら入りたい！」と熱い反響を呼んだNHK番組「よりあいの森 老いに沿う」。その施設長が綴る、自由と不自由の織りなす不思議な物語。しなやかなエピソードに浸っているだけなのに、気づくと温かい涙が流れている。万策尽きて途方に暮れているのに、希望が勝手にやってくる。

わたしが誰かわからない：ヤングケアラーを探す旅●中村佑子●2000円●ケア的主体をめぐる冒険的セルフドキュメント！――ヤングケアラーとは、世界をどのように感受している人なのか。取材はいつの間にか、自らの記憶をたぐり寄せる旅に変わっていた。「あらかじめ固まることを禁じられ、自他の境界を横断してしまう人」として、著者はふたたび祈るように書きはじめた。

超人ナイチンゲール●栗原 康●2000円●誰も知らなかったナイチンゲールに、あなたは出会うだろう――鬼才文人アナキストが、かつてないナイチンゲール伝を語り出した。それは聖女でもなく合理主義者でもなく、「近代的個人」の設定をやすやすと超える人だった。「永遠の今」を生きる人だった。救うものが救われて、救われたものが救っていく。そう、看護は魂にふれる革命なのだ。

あらゆることは今起こる●柴崎友香●2000円●私の体の中には複数の時間が流れている――ADHDと診断された小説家は、薬を飲むと「36年ぶりに目が覚めた」。自分の内側でいったい何が起こっているのか。「ある場所の過去と今。誰かの記憶と経験。出来事をめぐる複数からの視点。それは私の小説そのもの」と語る著者の日常生活やいかに。SFじゃない並行世界報告！

安全に狂う方法●赤坂真理●2000円●「人を殺すか自殺するしかないと思った」――そんな私に、女性セラピストはこう言った。「あなたには、安全に狂う必要が、あります」。そう、自分を殺しそうになってまで救いたい自分がいたのだ！ そんな自分をレスキューする方法があったのだ、アディクションという《固着》から抜け出す方法が！ 愛と思考とアディクションをめぐる感動の旅路。